Henning Schröder
Du zeigst mir den Weg zum Leben

AF205178

Henning Schröder, geboren 1953 in Lübeck, aufgewachsen in Kiel, ist evangelischer Pfarrer im Ruhestand und wohnt im Süden Hessens; er ist verheiratet und hat vier erwachsene Kinder und zwei Enkel. Er ist gern in der Welt unterwegs. Er war mit seiner Familie ein Jahr in Brasilien und vier Jahre in Argentinien, wo er als Vikar und als Pfarrer gearbeitet hatte. Am liebsten ist er mit dem Fahrrad auf Reisen. In diesem Büchlein beschreibt er eine Pilgerreise nach Taizé, einem spirituellen Ort in Burgund, in Frankreich, der bekannt ist durch die christliche Kommunität von Taizé, die eine große Anziehungskraft auf viele Menschen, vor allem auf Jugendliche, aus aller Welt ausübt. Für den Frieden zu wirken ist eines der Hauptanliegen der Brüder von Taizé.

Zeugnissen von zurückliegenden Kriegen und Bemühungen um Frieden begegnet der Autor auf der Hinreise vom Süden Hessens aus am Rhein und am Rhein-Rhone-Kanal entlang und auf der Rückreise von Taizé über die Stadt des Friedens, Genf, bis nach Konstanz am Bodensee.

Nicht nur von Erlebnissen und Begegnungen erzählt Henning Schröder; er teilt auch mit, was er in Taizé gelernt hat und welche neuen Erkenntnisse zum Leben und Glauben er mit nach Hause brachte.

© Henning Schröder 2018
Herstellung und Verlag:
BoD – Books on Demand, Norderstedt.
ISBN: 9783748132363

Henning Schröder

Du zeigst mir den Weg zum Leben

Tagebuch einer Pilgerreise mit dem Fahrrad nach Taizé

Mit diesem Büchlein sage ich allen Menschen „Danke!", die meinen Pilgerweg nach Taizé kreuzten und Engel an meinem Weg waren und allen, die meinen gesamten Lebensweg bis heute begleitet haben und begleiten, mir Mut gaben, Freude schenkten und mich glücklich machten.

Inhaltsverzeichnis Seite

Teil 1: Die Hinreise:
das Wasser zeigt den Weg

Teil 2: Das Ziel ist auch nur eine Station auf dem Weg zum Leben - Eine Woche in Taizé

Teil 3: Rückreise bis Konstanz; wieder ist Wasser der Wegweiser

Lebenswende und Zukunft - Überlegungen eines Pilgers vor der Reise

„Wir haben hier keine bleibende Stadt, sondern die zukünftige suchen wir." (Hebräer 13,14). Dieser biblische Satz steht vorn auf meinem Tagebuch, das ich zum Abschied in den Ruhestand vor vier Monaten von einem Kollegen geschenkt bekommen habe. Mit dabei waren noch andere nützliche Gegenstände für den Weg auf der Suche nach der zukünftigen Stadt: Ein Taschenmesser, ein Schlüsselanhänger mit einem Einkaufswagenchip, der in der Mitte einen Schutzengel darstellt, und eine kleine Taschenlampe. Ich schrieb meinem Kollegen einige Zeilen zum Dank und: „Ich bin gespannt, was in dem noch leeren Tagebuch alles drinstehen wird."

Nun ist es soweit. Die erste große Reise nach meinem Eintritt in den Ruhestand steht bevor: Eine Pilgerreise mit dem Fahrrad nach Taizé. Mich zieht es hin nach diesem geistlichen Zentrum in Burgund in Frankreich, dem kleinen Ort, an dem Frère Roger Schutz im Jahr 1949 eine Bruderschaft gründete, die für den Frieden in der Welt beten und arbeiten wollte. Noch während des Zweiten Weltkrieges nahm Roger Schutz Flüchtlinge auf, die vor dem Krieg flohen, darunter auch von den deutschen Nationalsozialisten verfolgte Juden. Die „Communauté de Taizé" besteht heute aus über 100 evangelischen und katholischen Brüdern aus 25 Nationen, die sich für die Verständigung der Völker einsetzen. Vor 20 Jahren war ich schon einmal in Taizé, auch mit dem Fahrrad. Als bleibenden Eindruck prägten sich mir die Gottesdienste mit Tausenden von jungen Menschen in der Kirche der Versöhnung ein, dann die morgendlichen Einführungen in einen Abschnitt der Bibel durch einen der Brüder, der es verstand, biblische Texte mit dem Alltag in Verbindung zu bringen, die alten biblischen Aussagen in das reale Leben hineinzustellen, in dem sie Kraft zum Leben entfalten können. In den anschließenden Gesprächen in kleinen Gruppen wurde das dann ganz konkret.

Ich will wieder nach Taizé. Den Eintritt in einen neuen Lebensabschnitt, jetzt in den Ruhestand, empfinde ich als einen idealen Zeitpunkt für diese Reise. Schon seit Tagen lese ich mehrmals täglich den Wetterbericht. Es soll kalt und regnerisch werden. Dabei gab es schon viele warme, frühlingshafte Apriltage, die mich zu einer Fahrrad-Reise so früh im Jahr motivierten. Aber das sollte erst einmal vorbei sein. Regen und Kälte sollen ab dem 23. April vorherrschen. An diesem Tag wollte ich eigentlich losfahren. Schönes Wetter ist noch für den 22. April vorausgesagt. Ich glaube, ich fahre einen Tag früher, dann habe ich schon einige Kilometer bei gutem Wetter geschafft und ich bin schneller in südlicheren Gegenden, in denen es ja in der Regel etwas wärmer ist. In diesem Jahr hält sich das Wetter allerdings nicht an die gewohnte Regel – es ist genau umgekehrt: Je weiter ich in den Süden komme, desto kälter wird es.

Ein Thema begleitet mich während der ganzen Reise: Die Auswirkungen von Kriegen und die Suche nach Frieden. Fast jeden Tag auf dieser Reise entdecke ich Denkmäler, die auf den Zweiten Weltkrieg hinweisen, begegne Menschen, die vor Kriegen in heutiger Zeit nach Europa geflohen sind, erlebe Menschen, die sich um Frieden bemühen, vor allem in Taizé; nicht umsonst heißt die Kirche auf dem Gelände der Communauté de

Taizé „Kirche der Versöhnung." Schon dieser Name kündigt an, dass nur die Versöhnung es schafft, Hass und Feindschaft zu überwinden, um dauerhaften Frieden zwischen den Menschen zu erreichen.

Teil 1: Die Hinreise: das Wasser zeigt den Weg

Freitag, 22. April – Flussschifffahrt und Flüchtlingsboot

Bei kühlem aber sonnigem Wetter starte ich meine Reise in Gelnhausen. Ich folge der Kinzig bis Hanau, dort geht es weiter am Main entlang in Richtung Frankfurt bis nach Mainz-Kastel. Bei Rüsselsheim fällt mir das lebensgroße Bronzestandbild des Leinreiters auf. Eine Tafel informiert: „Vor dem Einsatz der Dampfmaschine in der Schifffahrt wurden die Schiffe stromaufwärts von Pferden an der Leine gezogen." Wege rechts und links des Mains sind davon noch übrig geblieben, jetzt als Fahrradwege ausgebaut mit glattem Asphalt. Der Leinreiter, wie das Kunstwerk ihn darstellt, sitzt bequem auf seinem großen und kräftigen, muskelbepacktem Pferd, das weiß seinen Weg selbst, der Weg liegt ja klar vor ihm; es muss nur geradeaus laufen und darf weder nach links noch nach rechts sehen. Der Reiter schaut nach hinten und prüft, ob die Leinen richtig gespannt sind, das Schiff gut vorankommt, und nicht gegen ein Hindernis am Ufer stößt. Dabei muss er auch dem Steuermann auf dem Schiff gut kommunizieren; beide sind darauf angewiesen, zusammenzuarbeiten, um das Schiff in der Spur zu halten. Das Pferd trottet brav vor sich hin, mit all seinen Kräften sich gegen den Zug der Leinen stemmend, um die schwere Last gegen die Strömung voranzubringen, die Augen nach unten auf den Weg, unmittelbar vor die Füße gerichtet. Es muss nur auf die Zeichen für „Halt!" und „Weiter!" reagieren.

Leinreiter bei Rüsselsheim

Ich fahre auf meinem Rad weiter den Leinweg entlang und folge dem Main flussabwärts. Was habe ich im Schlepptau? Meine Vergangenheit, alles, was dazu beigetragen hat, dass ich jetzt bin, der ich bin, mit allen Erlebnissen und Erfahrungen meines Lebens. Meine Zeit als berufstätiger Pfarrer ist zu Ende, ist an ein Ziel gekommen; andere machen mit dem weiter, was ich zurückgelassen habe. Ich kann sagen: Unter dem Strich ist Positives dabei herausgekommen. Ich konnte meine Stärken entwickeln, besonders in der Arbeit mit Jugendlichen in der Konfirmanden- und Jugendarbeit und in der Arbeit an der Schule im Religionsunterricht. Manche Höhepunkte gab es zum Schluss: Die fünftägigen Konfi-Camps, auf denen die Konfirmanden durch erlebnispädagogische Methoden an den christlichen Glauben herangeführt wurden und wichtige Erfahrungen für ihre weitere Entwicklung als Menschen machten. Ein weiterer Höhepunkt war die Einrichtung der Streitschlichtung an der Schule: Schüler helfen Schülern, Streit auf faire Art und Weise zu schlichten, ohne dass Lehrer oder Eltern sich einmischen müssen. Daraus erwuchs auch ein erfolgreiches Programm zur Erkennung und Bekämpfung von Mobbing.

Dass ich so arbeiten konnte, habe ich zu einem sehr großen Teil meiner Frau Jutta zu verdanken, die mich unterstützte. Vier wunderbare Kinder haben wir bekommen und sie in ihrem Heranwachsen begleitet. Jetzt gehen sie ihre eigenen Wege in ihren Berufen und Partnerschaften. Ein Enkelkind ist auch schon da (nach Fertigstellung dieses Buches sind es zwei).

Da ist viel, das ich geschenkt bekam an Glück und Lebensfreude. Was ich im beruflichen Bereich aus der Hand legen konnte, macht mir keinen Stress mehr und da ist manches, was ich weiter betreibe; ich bin ja noch ein aktiver Mensch, der seinen Teil an Verantwortung für die Mitmenschen und die Umwelt immer noch trägt. Was liegt vor mir auf meiner Reise jetzt und was überhaupt auf meiner Weiterreise durch das Leben? Da werde ich mich überraschen lassen. Das Ziel „Taizé" habe ich mir vorgenommen; es gibt Wege dorthin, schöne Radwege, die Karten dafür habe ich dabei. Weiter geht´s! Mit einem offenen Blick nach vorn!

Kurz vor dem Campingplatz Maaraue, auf der rechten Rheinseite, gegenüber von Mainz gelegen, überholt mich eine Joggerin. Sie ist ziemlich flott unterwegs, aber wohl nicht schnell genug, denn plötzlich ertönt eine Stimme aus ihrem kleinen Computer, den sie am Oberarm festgeschnallt hat: „Etwas schneller!" Wie gut, dass ich meinen Körper nicht unter die Kontrolle eines Computers zwingen muss, sondern einfach nur Rad fahren kann, die Augen offen für das, was mir begegnet, meinen Körper spürend, der mir sagt, wann ich eine Pause machen muss oder wann es Zeit ist, eine Tagesetappe meiner Reise zu beenden. Wer aber alle Daten seines Körpers in den Computer eingibt und sich errechnen lässt, wie weit der Körper noch zu beanspruchen ist, der kann vielleicht in einem Wettkampf einige Minuten dazugewinnen. Ich aber befinde mich ja nicht auf einem Wettkampf, sondern auf einer Reise, allein und frei.

Auf dem Campingplatz richte ich mich für die Nacht ein. Nach mir kommt eine Frau mit einem Faltrad und baut ihr kleines rotes Zelt ganz in der Nähe von meinem auf. Ich begebe mich erst einmal in die Stadt und fahre über die Brücke hinüber in die Mainzer Innenstadt. Inzwischen fühlt sich die Lufttemperatur fast frühlingshaft warm an und ich ziehe die Radlerjacke aus.

Auf dem Platz zwischen Dom und Gutenbergmuseum setze ich mich auf eine Bank, genieße die Sonne und freue mich über die bunten Blumenrabatten. Vor dem Museum sitzen Menschen draußen an Tischen und trinken Kaffee unter rosa blühenden Bäumen. An einem Springbrunnen macht ein Clown Späße vor kleinen Kindern und bringt sie zum Lachen. Menschen halten ihre Gesichter in die Sonnenstrahlen, mit geschlossenen Augen, und fühlen die Wärme. Es ist so richtig Frühlingsstimmung.

Im Dommuseum neben dem Dom gibt es eine interessante Ausstellung: „Flucht 2.0 - An Odyssey to Peace" ist der Titel, groß auf ein Plakat geschrieben. Diese Ausstellung möchte ich mir ansehen; ich kenne selbst viele Flüchtlinge, denen ich helfe, die deutsche Sprache zu erlernen, damit sie besser in Deutschland zurechtkommen. Von der Flucht erzählen sie fast gar nichts; zu schrecklich sind die Erinnerungen, sie schauen lieber nach vorn, voller Hoffnung, voller Eifer, die ihnen fremde deutsche Sprache zu erlernen. Vielleicht finde ich hier in der Ausstellung Informationen, die mir helfen, das Leid der Geflüchteten besser zu verstehen.

Eine junge Mitarbeiterin des Museums erklärt mir die Ausstellung, die durch ein Projekt entstanden ist: Acht junge Männer, die aus Afghanistan, Eritrea, Pakistan und Syrien geflüchtet sind, haben ihre Erinnerungen, festgehalten durch Foto- und Tonmaterial ihrer Handys, und ihre Hoffnungen für die Zukunft, zusammengetragen und eine Ausstellung daraus gemacht, an der sie fast ein Jahr lang gearbeitet haben.

Ich betrete die Ausstellung. Außer mir sind nur noch zwei Personen da. So kann ich in aller Ruhe auf mich wirken lassen, was ich sehe und höre. Handyfotos hängen stark vergrößert an der Wand und zeigen Flüchtlinge in kleinen Booten, völlig überladen mit Menschen. In der Mitte eines Ausstellungsraumes steht ein Boot, einem Flüchtlingsboot nachempfunden. Ich steige hinein und setze mich auf eine der Holzbänke.

Von überall her höre ich menschliche Stimmen, Schreie. Originalstimmen, mit Handys während einer Fluchtfahrt aufgenommen, dringen an mein Ohr. Ich schließe die Augen und versuche mir vorzustellen, ich sei einer der Flüchtenden und müsste um mein Leben fürchten. Jeden Moment könnte das Boot kentern und mich in das kalte Wasser stürzen. Mitten im Meer, rundherum kein Land, nur der Horizont und schreiende Menschen, die um ihr Leben kämpfen. Natürlich kann ich es in diesem gut geheizten, trockenen Raum nicht annähernd nachempfinden, wie es den betroffenen Menschen ging. Ich kann es nur zur Kenntnis nehmen, dass diese Männer, Frauen und Kinder diese gefährliche Bootsfahrt auf der Flucht erlebt haben und das erschreckt mich zutiefst. Wie müssen diese Menschen schon vorher gelitten haben, dass sie keinen anderen Ausweg mehr für ihr Leben sahen als sich in die Hände von Schleppern zu geben, denen sie ausgeliefert waren, die Menschenhandel mit ihnen betrieben, nur um sich mit Geld zu bereichern. Warum müssen Menschen überhaupt auf diese lebensgefährliche Art und Weise Rettung suchen? Warum können sie nicht legal in Länder reisen, in denen sie Schutz vor Krieg und Verfolgung bekommen?

Ein anderer Raum zeigt eine Kammer, in die Flüchtlinge gepfercht wurden, bevor sie ein Boot besteigen konnten. Oft mussten sie tagelang tatenlos warten, bis sie eine Mitfahrgelegenheit bekamen. Wie Verbrecher waren sie eingesperrt. Ich höre mir Interviews an, in denen junge Flüchtlinge nach gelungener Flucht und Ankunft in Deutschland von ihren Hoffnungen sprechen, von einem neuen Leben in Sicherheit, von einer guten Ausbildung und einem guten Beruf.

Nach dem Besuch der Ausstellung gehe ich noch zu essen einkaufen und trete den Rückweg zu meinem Zelt an. Neben dem Zelt steht ein Holztisch mit Bänken. Dort koche ich auf meinem kleinen Gaskocher eine Tomatensuppe mit Fleischklößchen und Reis. Die Frau mit dem kleinen roten Zelt kocht auch auf dem Tisch und wir kommen ins Gespräch. Sie erzählt, dass sie Leiterin eines Kindergartens sei. „Ich bin im Moment so gestresst; ich muss einfach mal für ein paar Tage raus und abschalten. Deshalb bin ich hier. Nur das Nötigste habe ich dabei." „Und wenn es nur regnet?" frage ich. „Dann bleibe ich im Zelt und lese. Ich habe genug Bücher mitgenommen."

Den Abend beschließe ich bei einem Glas Wein an einer kleinen Freiluft-Bar am Ufer des Rheins, vor dem Kastell. Es ist kühl geworden und gasbetriebene Heizstrahler lassen die Menschen sich unter den wärmenden Strahlen zu kleinen Gruppen zusammendrängen.

Samstag, 23. April – Regen, Kälte und ein Nachtkonzert

Bei Regen und Kälte koche ich meinen Kaffee im Vorzelt und frühstücke im Zelt. Auf meinem winzigen Klappstuhl mit Lehne sitze ich einigermaßen bequem. Im Regen packe ich schnell meine Sachen zusammen. Solange das Zelt noch steht, bleiben die Sachen trocken, die ich drinnen in die Packtaschen stopfe. Das Zelt selbst muss ich im Regen zusammenrollen. Es ist ja sowieso schon nass.

Mein leuchtend grünes Regencape schützt mich einigermaßen von oben; an den Füßen, um die Schuhe herum, trage ich Regengamaschen. Der Nord-Ost-Wind, der die Kälte bringt, hat einen Vorteil: Er schiebt mich von hinten, denn mein Weg, am linken Ufer des Rheins entlang, führt mich in südliche Richtung, flussaufwärts. Es geht durch Weinberge, an den Orten Nackenheim, Nierstein, Oppenheim vorbei. Die Weinreben sind bogenförmig an Drähte gebunden, aus jedem Zweig entfalten sich etwa drei grüne Knospen.

Die Schwalben fliegen tiefer als ich auf dem Fahrradsattel sitze. Nur wenige Zentimeter über dem Boden huschen sie dahin. Die Insekten, die von ihnen gejagt werden, schaffen es nicht, höher zu fliegen bei diesem regnerischen und kühlen Wetter.

Zum Mittag erreiche ich ein Restaurant am Rheinufer und lasse mich mit heißem Tee und einem Holzfällerschnitzel verwöhnen. Bei der Fahrt durch Regen und Kälte habe ich das auch bitter nötig. Heute bin ich der einzige Gast. Die Wirtsleute laufen geschäftig hin und her. Sie bereiten den morgigen Tag vor: Dann wird das Haus voll werden, Konfirmation wird gefeiert. Oh, das darf ich auch nicht vergessen: Eine Whatsapp-Nachricht an meine ehemaligen Konfirmanden zu schreiben, die morgen konfirmiert werden.

Am Nachmittag hört der Regen auf, die Kälte aber bleibt. Auf dem Radweg hole ich ein Ehepaar ein, das auch mit Rädern auf Reisen ist. Wir kommen ins Gespräch. Die beiden sind aus den Niederlanden und haben sich sechs Wochen Zeit für eine Reise mit dem Rad nach Napoli, Italien, genommen. Von dort wollen sie dann mit dem Zug nach Hause zurück fahren. Mir fällt ihr praktisches Kartenmaterial auf: Ein Heft, das aufgeschlagen auf der rechten Seite den Wegeverlauf als Karte zeigt, auf der linken Seite die entsprechende genaue Beschreibung, übersichtlich angeordnet. Durch Umblättern wird der nächste Abschnitt der Weiterfahrt angezeigt. In meinem Kartenwerk muss ich immer hin und her blättern, wenn ich die Wegbeschreibung und die Karte zusammen haben will. Das ist lästig und ich habe meistens nur die Karte vor mir. Kein Wunder, dass ich mich dann manchmal verfahre.

Bei Altrip biege ich in den Ort ab, während die Niederländer weiter geradeaus auf dem Deich fahren. Ich will für das Abendessen einkaufen und dann einen der Campingplätze anfahren, um mein Nachtlager zu bereiten. Auf dem Campingplatz „Blaue Adria", am Ufer eines Sees, baue ich mein Zelt auf. Nach kurzer Zeit kommt auch das Ehepaar aus den Niederlanden und beide werden meine Nachbarn. Sie hatten sich entschieden, heute nicht mehr weiter zu fahren.

Nach dem Essen gehe ich an den See. Die Sonne kommt heraus und geht langsam über dem See unter. Die Wasseroberfläche ist fast spiegelglatt. Kanadagänse schwimmen langsam dahin und lassen Wellen entstehen, die gerade Linien in der Form eines langen V auf die stille Seeoberfläche zeichnen. Es wird merklich kühler und in der Nacht kann ich vor Kälte kaum schlafen. Ich werde immer wieder wach. Ich ziehe den oberen Rand des Schlafsackes fest um meinen Hals, damit kein bisschen Wärme entweichen kann. Die Mütze hält den Kopf warm. In den schlaflosen Perioden dieser Nacht ist es mir keineswegs langweilig; Hunderte von Nachtigallen geben ein wirklich hörenswertes Konzert die ganze Nacht hindurch bis zum Morgen.

Sonntag, 24. April – dunkle Wolken, Hochwasserschutz und Bärlauch

Sonnenschein verheißt einen wärmeren Tag. Noch ist es aber sehr kalt. Es hat gefroren, Raureif liegt auf der Campingwiese. Das Sanitärgebäude ist gut geheizt und ich wärme mich etwas auf, als ich zur Toilette gehe. Zurück am Zelt lege ich mir einen meiner Schlafsäcke um die Schultern, um die Wärme in meinem Körper zu halten. Der Kaffee ergänzt die Wärme von innen.

Heute weht der Wind aus südlichen Richtungen. Das bedeutet Gegenwind. Heißt das auch wärmere Luft? Leider nein. Der Wind scheint die ganze Kälte, die er in den letzten Tagen nach Süden transportiert hatte, wieder zurück zu bringen. Irgendwann aber muss doch mal die südliche Wärme kommen, hoffe ich.

Ich schreibe eine Gratulation zur Konfirmation der Konfirmanden, an deren Kurs ich noch bis Ende letzten Jahres mitgearbeitet hatte. Nur wenige schreiben zurück und bedanken sich. Die meisten sind damit beschäftigt, darüber zu diskutieren, wer wann wo die Ansteck-sträußchen abholt und bezahlt. Es muss halt alles perfekt sein an diesem Festtag und da werden vermeintliche Kleinigkeiten ganz wichtig.

Alle 500 bis 1000 Meter steht am Rhein-Hauptdeich eine kleine Hütte, „Deichwachhaus" genannt. Diese

Hütten und weitläufig eingedeichte Rückhaltebecken zeugen von der Gefahr, die die Ortschaften bedroht, wenn der Rhein über die Ufer tritt und davon, dass die Menschen dieser Gefahr gut gewappnet gegenüberstehen wollen.

Am Selbstbedienungskiosk „Alte Ziegelei" mache ich Mittagspause. Ich hole mir Currywurst und Tee zum Aufwärmen. Es kommt sogar die Sonne heraus und ich sitze draußen auf einer Bank. Doch schon gibt es wieder einen Regenschauer und ich verziehe mich mit Essen und Trinken in den kleinen Gastraum. Dort hat schon ein nettes junges Ehepaar mit einem sieben Monate alten Sohn Schutz vor dem Regen gesucht. Der kleine Junge schaut mich mit großen neugierigen Augen an. Es entwickelt sich ein Gespräch mit den Eltern über mein Woher und Wohin. Ich freue mich über das Interesse und die Anteilnahme dieser Menschen; sie geben mir das Gefühl, nicht fremd zu sein in dieser Welt. Der Blick in offene Augen lässt immer Vertrauen wachsen und schenkt Geborgenheit, egal wo ich bin.

Bedrohliche schwarze Wolken brauen sich am Himmel zusammen. Als ich neben einem schützenden Gebüsch vom Radweg auf eine größere Straße komme, gerate ich in Schneegestöber. Nein, es sind gar keine Schneeflocken, es sind Blütenblätter von Obstbäumen, die der Wind um mich herum wirbelt. Fünf Minuten später sind es dann aber doch richtige Schneeflocken, die mir ins Gesicht gepustet werden!

„Hallo! Entschuldigung! Haben Sie Werkzeug dabei?" ruft mir in Germersheim eine junge Frau von der gegenüberliegenden Straßenseite zu. Ich bejahe und überquere die Fahrbahn. Die junge Frau steht neben einem nagelneuen Liegerad. Es sieht super modern aus. Kette und Getriebe sind eingekapselt. „Ich mache nur eine Probefahrt" sagt die Radlerin. „Hier findet heute eine Fahrradausstellung statt. Man darf die Räder auch ausprobieren." Der Sitz des Liegerades ist nach hinten gerutscht. Die Schrauben waren nicht richtig fest gezogen. Wir schieben den bequemen gepolsterten Sitz mit ebenso gepolsterter Rückenlehne wieder in die richtige Position und ich ziehe die Schrauben fest an.

Aus dem Wald rechts vom Deich steigt mir ein mir sehr bekannter würziger Duft in die Nase: Bärlauch! Ich stelle das Rad ab und laufe zum Waldrand hinunter. Überall auf dem Waldboden wächst Bärlauch und ich pflücke einige der saftig grünen breiten Blätter für eine Bärlauchsuppe heute Abend auf irgendeinem Campingplatz.

Am späten Nachmittag überquere ich in der Nähe von Karlsruhe die Grenze nach Frankreich. Bei Lauterbourg finde ich einen Campingplatz. Zum Abendessen schneide ich den Bärlauch in kleine Streifen und koche mir eine leckere Suppe daraus.

Montag, 25. April – Bonne route bis Straßburg

Wieder ein eiskalter Morgen! Vom Schutzüberzug meines Fahrradsattels entferne ich eine Eisplatte. Auf der Straße vom Campingplatz zum Rhein fahre ich an einem mit besonders starkem Stacheldraht umgebenem Fabrikgelände vorbei. „Zone de risque technologique" warnen Schilder. Es handelt sich um ein Chemiewerk;

trotz aller Sicherheitsmaßnahmen bleibt doch immer ein Restrisiko, auf das hingewiesen wird.

Auf der Weiterfahrt bläst mir eisiger Südwind ins Gesicht und ich kämpfe dagegen an. Manches zugerufene „Bonne route!" gibt mir Mut. In Drusenheim mache ich Halt in einem Restaurant im alten Bahnhofsgebäude. Es ist Mittagszeit, ich habe Hunger und muss mich aufwärmen. Das Restaurant ist sehr voll. Viele Menschen haben Mittagspause und nutzen die Zeit für ein gutes Mittagessen. Büroleute in adretten Anzügen und Bauarbeiter im Overall sitzen zusammen und genießen den „Plat du jour", das Tagesgericht, das ich mir auch bestelle: Eine Blätterteigpastete, gefüllt mit Hühnerfrikassee, dazu Tagliatelle-Nudeln. Den Salat stelle ich mir am reichhaltigen Salatbüfett selbst zusammen. Zum Essen bestelle ich mir ein Kännchen Tee, zum Schluss einen Espresso. Ich bezahle beim Hinausgehen; ein preiswertes gutes Essen, ich fühle neue Kräfte und neue Wärme in mir und radle munter weiter durch Kälte und Nieselregen.

Ein kleiner Bäckerladen an der Straße in Dalhunden lädt ein zur Kaffeepause. Ich kaufe Kaffee und Kuchen und setze mich an einen kleinen Tisch. Viele Menschen kaufen ein, vor allem das lange französische „Meterbrot". Weil der Laden so klein ist, steht die Schlange der Kunden bis nach draußen. Durch die offene Tür zieht eiskalte Luft an meine sowieso schon kalten Füße. Als der Kundenstrom nachlässt, kann endlich die Tür geschlossen werden. Als die Verkäuferin gerade nichts zu tun hat, komme ich mit ihr ins Gespräch. „Ich habe viel zu tun", sagt sie, „Sie haben es ja gesehen. Es gibt sonst keinen Bäcker hier in diesem Ort. Ich muss das alles allein machen." Ich spüre die Verantwortung, die sie für ihr Dorf empfindet. Ihr Elsässer Dialekt ist dem Schwäbischen ähnlich, das auf der anderen Seite des Rheins gesprochen wird. Die zwei Kinder der Bäckersfrau stürmen in den Laden; sie kommen von der Schule. Sie sprechen Französisch mit ihrer Mutter. Das Elsass ist zweisprachig, deutsch und französisch. Die nationale Zugehörigkeit des Elsass hat in seiner Geschichte oft gewechselt. Nach dem Deutsch-Französischen Krieg 1870/71 wurde das Elsass von Frankreich an das Deutsche Reich abgetreten; nach dem Ersten Weltkrieg ging es an Frankreich zurück. 1940 haben es die Deutschen annektiert und wieder ins Deutsche Reich eingegliedert und der Ideologie des Nationalsozialismus unterworfen. Nach dem Zweiten Weltkrieg kam es wieder zu Frankreich.

Auf dem Weg nach Straßburg passiere ich große Betriebe, die Sand und Kies am Rheinufer abbauen. Sortiert nach Kornstärke lagert der Kies in gewaltigen aufgeschütteten Halden. Förderanlagen durchkreuzen den Himmel, wenn ich nach oben sehe.

Kurz vor Straßburg durchquere ich einen Park mit riesigen Platanen. In der Stadt bin ich auf einmal umgeben von einem quirligen Straßenverkehr und vielen dahineilenden Menschen. Ich komme auf einer breiten Straße direkt auf die Innenstadt zu; dort werden aus Straßen verwinkelte enge Gassen mit Fachwerkhäusern. Im Tourist-Info-Büro am Platz des Straßburger Münsters erhalte ich ein Quartierverzeichnis und einen Stadtplan. Der Platz ist viel zu klein für das Münster. Von keinem Ende des Platzes kann man den gewaltigen sakralen Bau ganz sehen. Verkäufer bieten Touristen Selfie-

Sticks an, damit kann man sein Handy etwas weiter von sich weghalten, um sich selbst zu fotografieren und bekommt auch noch einen Teil des Münsters mit aufs Bild.

Ich suche mir das Hostel „Ciarus" in der Rue Finkmatt aus und bin in kurzer Zeit dort. Ich habe Glück, ein Einzelzimmer ist noch frei, nicht gerade das billigste, aber egal, ich habe heute genug von Kälte und Regen!

Das Hostel ist voll mit Jugendlichen, die etwa um die 15 Jahre alt sind. Wahrscheinlich sind es Schulklassen auf Klassenfahrt. Ich stelle mich auf eine laute und unruhige Nacht ein. Die heiße Dusche tut wunderbar gut und in trockener Kleidung fühle ich mich wieder richtig wohl in meiner Haut. An der Rezeption lasse ich mir zusammen mit einer Lehrerin aus Deutschland, die mit ihrer 8. Klasse hier ist, vom Portier den Zugang zum W-Lan erklären. Es funktioniert aber trotzdem nicht, weder bei ihr noch bei mir.

Trotz des Regens wage ich mich nach draußen. Weit gehe ich nicht, nur bis zum „Alt Straßburg", ein uriges Restaurant, wo ich mir einen original elsässischen Flammkuchen bestelle, schön dünn und knusprig, mit Schmand und Speck, lecker!

Bald gehe ich schlafen. Das warme weiche Bett ist ein Genuss nach den kalten Nächten im Zelt. Ich schlafe fest; von den Jugendlichen höre ich nichts.

Dienstag, 26. April – durch den Regen
in ein warmes Hotel in Breisach

Ein Blick aus dem Fenster: Es regnet! Ich packe meine Sachen zusammen und transportiere sie im Fahrstuhl nach unten. Der Fahrstuhl hält in jedem Stockwerk, fährt auch erst einmal in den Keller, bevor ich endlich im Erdgeschoss aussteigen kann. An keiner Station steigt jemand ein. Einige Schüler haben sich einen Spaß daraus gemacht, alle Knöpfe zu drücken.

Weil es zur Übernachtung kein Frühstück im Hotel gibt, suche ich eine Bäckerei, in der ich mich für die heutige Etappe stärken kann. Ich fahre in Richtung Kehl, zur deutschen Seite des Rheinufers. Vor der Brücke über den Rhein sind umfangreiche Straßenbauarbeiten im Gange. Der Radweg hört auf, wo geht er weiter? Zwischen Baggerlöchern und Absperrungen bleibe ich stecken. In einem tiefen Loch sind Arbeiter dabei, ein riesiges Stück Rohr, das an einer Baggerschaufel hängt, an ein schon unten in der Grube liegendes anzufügen. An den Wänden der Grube sehe ich die Erdablagerungen, wie sie für das Rheintal typisch sind: Kies aus runden Steinen, verbacken mit feinem Material.

Ich muss ein Stück zurück und finde einen Weg auf der anderen Straßenseite. In Kehl frühstücke ich in einer Bäckerei in der Fußgängerzone. Einige ältere Männer und Frauen frühstücken auch und unterhalten sich angeregt. Sie scheinen sich hier regelmäßig jeden Morgen zum Kaffee zu treffen.

Nach dem Frühstück ziehe ich mir das Regencape über und mache mich auf den Weg durch den Regen.

Der Radweg oben auf dem Deich, jetzt wieder auf der rechten Seite des Flusses, lässt mir keine Möglichkeit, mich zu verfahren. Rechts das Wasser, auf dem Schiffe fahren, links die sumpfige Rheinaue mit urwaldähnlichem Pflanzenbewuchs, unter mir der knirschende Kiesweg auf dem Deich, über mir das Grau des gleichmäßigen Regens, um mich herum die kühle Luft. Wie mechanisch trete ich die Pedale und spüre die Wärme, die durch die Bewegung meiner Beinmuskeln entsteht und den Körper durchströmt, festgehalten durch das Regencape, die Jacke, die Überzieher über meine Schuhe und die Handschuhe. Ich genieße es, wie die Kälte draußen bleibt und die Wärme mir von innen ein wohliges Gefühl schenkt. Dabei denke ich an das Ziel des heutigen Tages, an den Ort, den ich mir ausgesucht habe, um eine Übernachtungsmöglichkeit zu finden. Bestimmt kein Campingplatz! Lieber ein Hotel in Breisach. Taizé liegt noch so weit weg! Das heutige Etappenziel zu erreichen ist das einzige Bestreben dieses Tages! Heute Abend werde ich etwa die Hälfte des Weges nach Taizé geschafft haben. Es werden dann noch etwa fünf Tagesetappen bis dort sein. Ein Glück, dass ich heute wenigstens überwiegend Rückenwind habe, der meist aus nordöstlicher Richtung kommt und leider auch arktische Kälte und Dauerregen mit sich führt.

In die Altstadt von Breisach fahre ich durch ein mittelalterlich aussehendes, wuchtiges Tor. Gleich dahinter steht das Hotel „Bären". Hier bleibe ich. Es reicht! Im Hotel tanke ich Wärme auf und verlasse es heute nicht mehr. Ich habe keine Lust, im Regen die Stadt zu erkunden.

Mittwoch, 27. April – Kriegsspuren im Elsass

Der Tag beginnt mit strahlendem Sonnenschein! Die Luft ist jedoch sehr kalt. Bei der Weiterfahrt halte ich inne auf dem Marktplatz von Breisach. Ich genieße die Strahlen der Sonne, das Licht und die Wärme. Ich fotografiere den Platz mit den Häusern drumherum. Erhöht auf einem Berg steht die Kirche und ragt über die Dächer hinaus. Da schiebt sich schon die erste große Wolke vor die Sonne und die Kälte überwiegt wieder. So bleibt das Wetter an diesem Tag: Abwechselnd Sonne und Wolken, Wärme und Kälte; manchmal fallen ein paar Regentropfen. Bei Fessenheim, Frankreich, überquere ich den Rhein über die Staustufe des Wasserkraftwerkes. Vor mir liegen die Vogesen; die Kuppen sind mit Schnee bedeckt. Ich durchfahre einen großen Wald mit schnurgeraden Forstwegen, den Hardt-Wald, bis ich zum Radweg komme, der jetzt am Rhein-Rhone-Kanal entlang führt. Der Radweg, der mich nun leitet, ist der „EuroVelo 6". Das Zeichen für diesen Weg ist ein Sternenkreis auf blauem Grund (Europäische Union) mit einer Sechs in der Mitte.

Bevor es an den Kanal geht, entdecke ich ein Grab am Wegrand. Ein Kreuz steht darauf mit dem Namen „Jean Devif", daneben eine Bank zum Ausruhen und Innehalten. Eine Informationstafel in französischer und deutscher Sprache erklärt, was es mit dem Grab auf sich hat: Der junge Soldat Jean Devif war daran beteiligt, Zivilisten zu retten, die in einem Haus lebten, das zwischen die Fronten der französischen, sich zurückziehenden Streitkräfte, und den sie verfolgenden deutschen Wehrmacht-Soldaten gekommen war. Das war Ende November/Anfang Dezember 1944. Bei dieser Rettungsaktion ist Devif von deutschen Soldaten erschossen worden. Sein Grab ist heute jedoch nur noch eine

Grab von Jean Devif, der sein Leben für Wehrlose gab

Gedenkstätte. Der Leichnam Devifs wurde auf einen Friedhof umgebettet. Beachtlich finde ich an der Darstellung des Geschehenen, dass hier nicht ein Soldat als Held verehrt wird, weil er feindliche Soldaten tötete, sondern weil er sein eigenes Leben wagte, um das Leben wehrloser Menschen zu retten. Der Text auf der Tafel zeigt keine feindliche Haltung gegenüber den Deutschen; er ist geprägt von neutraler Sachlichkeit. Gegenseitige Feindbilder der nun seit Jahrzehnten befreundeten Länder gibt es nicht mehr. Ich hoffe, das bleibt so. Es liegt an jedem einzelnen von uns.

Erinnerung an die Schlacht im Hardt-Wald 1944

Große Wegweiser mit großer Schrift zeigen deutlich, wo es für Radfahrer nach Mühlhausen geht. Das gefällt mir, so kann man sich gar nicht verfahren. Dazu noch ein schön glatt asphaltierter Weg. Besser kann es nicht sein.

Am Anfang dieses Weges steht ein weiteres Mahnmal von der Schlacht im Hardt-Wald im Zweiten Weltkrieg: Ein Panzer der Bezeichnung „Sherman", der an die Kämpfe im November/Dezember 1944 erinnert.

Nach einigen Kilometern geht der Weg in einen Kiesweg über und endet dann in einer Sackgasse! Es gibt kein Weiter! Links der Kanal, rechts dichtes Gebüsch und vor mir ein sehr steiler Hang ohne Weg. Es bleibt mir nichts anderes übrig, als denselben Weg zurückzufahren. Wieder komme ich an dem Panzer vorbei. Auf der gegenüberliegenden Seite des Kanals steht ein drittes Denkmal, eine Kanone. Eine Brücke führt auf die andere Seite und dort finde ich Wegweiser, die genau am anderen Ufer des Kanals, in die Richtung der großen Wegweiser nach Mühlhausen, weiterführen, ohne dass ich wieder in einer Sackgasse lande. Die Kanone schaue ich mir genauer an. Sie wurde, ebenso wie der Sherman-Panzer, bei der Schlacht im Hardt-Wald gegen die Schützengräben der deutschen Wehrmacht eingesetzt.

Als ich Mühlhausen erreiche, setzt plötzlich ein heftiger Schneeschauer ein. Unter einer Brücke suche ich Schutz. Nach wenigen Minuten scheint wieder die Sonne. Auf einmal finde ich keinen Wegweiser mehr und gelange in die Innenstadt mit sehr viel Autoverkehr. Die vielen Straßen, die von einem großen Kreisel in alle Richtungen auseinandergehen, verwirren mich. Ich kehre auf demselben Weg wieder um und komme zurück zu der Stelle des Radweges, von der aus ich in die Innenstadt abgebogen war. Dort, im Ortsteil Brunstatt, finde ich wieder einen Wegweiser, den ich vorhin, aus anderer Richtung kommend, übersehen hatte.

Weiter geht es am Rhein-Rhone-Kanal entlang. Der Wind kommt von vorn, weht aus süd-westlicher Richtung und ist eiskalt, manchmal böig und stürmisch und manchmal bringt er dunkle Wolken mit. Etwa alle 500 Meter wird der Kanal durch eine Schleuse unterbrochen. In Stufen fahre ich am Kanal entlang. Bei jeder Schleuse geht es ein Stück bergauf, vielleicht drei Meter höher, dann führt der Weg ganz eben weiter bis zur nächsten Schleuse. Schiffe oder Boote verkehren nicht. Das Wetter passt einfach nicht, um mit Paddelbooten oder Kanus unterwegs zu sein.

In Dannemarie beschließe ich, dass meine heutige Etappe zu Ende ist. Einen Campingplatz finde ich hier weit und breit nicht, habe auch keine Lust zum Zelten, denn es ist wieder empfindlich kalt geworden, obwohl im Moment die Sonne scheint. Mitten im Ort, gegenüber dem Rathaus, steht eine Informationstafel mit einer Liste von Übernachtungsmöglichkeiten. Leider sind weder Adressen noch Telefonnummern verzeichnet. Zumindest aber weiß ich, dass es Betten gibt. Also fange ich an, Passanten zu fragen und wende mich an eine Frau, die einen kleinen Hund an der Leine führt. Ich krame meine restlichen Französischkenntnisse aus, die ich in hintersten Ecken meiner Gehirnwindungen wiederfinde aus dem Französischunterricht in der 7. und 8. Klasse - ich war damals 15 Jahre alt - und frage nach Zimmern. Sie versteht mich sogar und kennt auch eine Zimmervermietung. Sie beschreibt mir den Weg dorthin und ich verstehe fast alles. Es ist nicht weit.

Ich drücke auf die Klingel neben der Tür eines alten Fachwerkhauses, an dem ein Schild mit der zweisprachigen Aufschrift „Chambres – Zimmer" hängt. Es dauert nicht lange, da öffnet sich die Tür und ein älterer Mann mit offenem Hemd streckt mir sofort die Hand entgegen und fragt auf Deutsch mit Elsässer Dialekt: „Sind Sie deutsch?" Ich bejahe und frage, ob ein Zimmer für mich frei ist. „Ja, Sie können hier übernachten; ich zeige Ihnen, wo Sie Ihr Fahrrad abstellen können." Er geht mir voran durch eine Pforte rechts neben dem Haus und führt mich auf den Hof, der von Wirtschaftsgebäuden eines Bauernhofes umgeben ist. Ich stelle mein Rad ab und er führt mich eine enge Holztreppe nach oben in mein Zimmer. Die Wände sind himmelblau gestrichen. Uralte Möbel stehen darin, ich fühle mich wie in einer anderen Zeit. Furchtbar kalt ist es im Raum und mein Gastgeber schaltet erst einmal den elektrischen Heizstrahler an, der sofort wohltuende Wärme abgibt. Ich hole mein Gepäck aus dem Hof und richte mich im Zimmer ein.

Ein altes Bild an der Wand betrachte ich näher. Ich sehe Soldaten in Uniform mit Tornister und Gewehr. Sie verabschieden sich von ihren Frauen, weil sie in den Krieg ziehen müssen. Die Frauen weinen. Im Hintergrund kniet eine junge Frau vor dem Grab eines Gefallenen. Wegen des Aussehens der Uniformen vermute ich, dass das Bild eine Szene aus dem Deutsch-Französischen Krieg 1870/71 darstellt. Es passt aber zu jedem Krieg. Immer verabschieden sich Menschen, oft für immer und Soldaten wie auch Zivilisten sterben einen sinnlosen Tod, weil Regierende zu schnell die Geduld für langwierige Verhandlungen verlieren und dann meinen, sie könnten ihre Streitereien nur mit Gewalt lösen. Am Ende überwiegt auf beiden Seiten Leid und Zerstörung. Können Menschen lernen, Streit auch ohne Gewalt zu lösen? Sie können, wenn sie wollen! Im Kleinen habe ich es erlebt; im Großen wäre es auch möglich. Wenn Menschen alternative Methoden der Konfliktlösung, die es ja gibt, anwenden, dann würden wir sehr viel sicherer und zufriedener leben können.

Im eiskalten Badezimmer dusche ich. Das Wasser ist schön warm und ein kleiner Heizstrahler gibt etwas Wärme. Im engen Bereich seiner Strahlen trockne ich mich ab und ziehe mich an. Ein weiterer Mann will duschen; er ist auch mit dem Rad unterwegs. Als ich ihn über seine Reise fragen will, sagt er nur: „Wir können uns morgen beim Frühstück unterhalten; ich bin müde."

Ich habe Hunger und frage meinen Wirt nach einem Restaurant in der Nähe. „Ja, Sie müssen unbedingt essen", sagt er besorgt, „das ist wichtig nach einem Tag Rad fahren!" Er empfiehlt mir eine Pizzeria ein paar Straßen weiter. Ich ziehe alle meine warmen Sachen an und gehe hin und ersetze meine verbrauchten Kalorien.

Das Bett hält mich in der Nacht schön warm durch eine dicke Federdecke, die mit einem beachtlichen Gewicht auf mir lastet. Das merke ich besonders, wenn ich mich von einer Seite auf die andere drehe. Dabei quietscht das eiserne Bettgestell.

Donnerstag, 28. April – Kriegsende und Wassertreppen

Im Frühstücksraum unten im Haus ist für zwei Personen gedeckt, einander gegenüber an einem Tisch. Ich bin zuerst da, dann kommt der andere Radler, den ich gestern Abend schon kurz gesehen hatte. Wir erzählen einander von unseren aktuellen Reisen und wie es weitergehen soll. Er berichtet, er sei gestern in Freiburg losgefahren und wolle nach Barcelona, wo er sich Pfingsten mit seiner Familie treffen wolle, um dort mit ihnen die Feiertage zu verbringen. Er hat es eiliger als ich und macht sich schon bald auf die Weiterfahrt, während ich mir die Zeit nehme, den dicksten Dreck von meinem Rad zu entfernen und die Kette zu ölen; sie fing gestern schon an zu quietschen.

Während dieser Reinigungsarbeiten an meinem Rad kommt der Wirt hinzu und es entwickelt sich ein Gespräch. Er erzählt: „Ich bin 1933 geboren und war 12 Jahre alt, als der Krieg zu Ende war. Ich war in der Hitlerjugend. Wir haben da viel gesungen und ich kenne die Lieder immer noch auswendig. Wir haben das alles geglaubt damals. Als dann die Amerikaner da waren, haben sie hier auf dem Hof ein Benzinlager eingerichtet und eine Feldküche aufgebaut. In den Gebäuden haben sie Lebensmittel deponiert. Besonders interessant waren für uns Jungs damals die Schokolade und die Zigaretten und wir haben uns manchmal heimlich davon genommen." Ich erzähle von meinem Vater, Jahrgang 1923, der als Soldat im Einsatz war und 1944 in der Normandie gefangen genommen wurde und als Kriegsgefangener nach England kam, wo er vier Jahre bleiben musste.

Bei der Weiterfahrt am Rhein-Rhone-Kanal entlang werden die Abstände der Schleusen zueinander immer kürzer; bei Montreux sind es etwa nur noch 100 Meter, dann sogar nur noch 50 Meter. Wie eine Treppe aus Wasser stehen die Schleusen vor mir. Dann folgen einige Kilometer ohne Schleusen. Die nächste Schleuse, die kommt, geht dann wieder eine Stufe bergab; die folgenden haben auch wieder einen sehr geringen Abstand zueinander, es geht die Treppe herunter. Die Wasserstraße hat den Berg überwunden! Ein Schiff braucht für diese Strecke von nur etwa zehn Kilometern sicher viele Stunden.

In Montbeliard entdecke ich auf der anderen Seite des Kanals die Fabrikhallen der Peugeot-Werke, sich aneinander reihend. Einige Kilometer weiter stößt der Fluss Doubs zum Kanal hinzu. Manchmal folgt der Radweg dem Fluss, manchmal dem Kanal, der die Windungen des Doubs abkürzt. Ab L'Isle-sur-le-Doubs bis

Baume-les-Dames ist dann der Doubs erst einmal die einzige Wasserstraße. Zu beiden Seiten des Doubs-Tales erheben sich steile Hänge aus weißem Kalkstein, bewachsen mit dem frischen Frühlingsgrün von Bäumen und Büschen. Diese Landschaft erinnert mich an das Altmühltal in Bayern; nur sind die Hänge hier höher, das Tal ist weiter und der Fluss breiter.

Rhein-Rhone-Kanal: eine Schleuse hinter der anderen

Heute komme ich schnell voran. Der Wind wechselt; mal habe ich Rückenwind, dann wieder bläst er von vorn, aber schwach, manchmal weht er von der Seite. Böen gibt es keine. Der Asphalt des Radweges ist schön glatt. Meistens scheint die Sonne.

Als ich am späten Nachmittag mein Zelt auf dem Campingplatz bei Baume-les-Dames aufschlage, ist es direkt frühlingshaft warm geworden. Die Nachmittags- und Abendsonne scheint auf mein Zelt. Ich wasche

Wäsche und hänge sie in der Sonne auf. Trocken werden die Sachen jedoch heute nicht mehr. Kaum ist die Sonne hinter dem westlichen Kalksteinhang verschwunden, wird es bitterkalt. Nach dem Essen trinke ich noch zwei Tassen heißen Tee. So von innen aufgewärmt krieche ich in meine Schlafsäcke. Der innerste Schlafsack ist ein Jugendherbergsschlafsack, einfach nur wie ein Laken, zu einem Sack zusammengenäht, aus Baumwolle. Ich mag es nicht, wenn Kunstfaser auf meiner Haut ist. Daraus bestehen nämlich die anderen Schlafsäcke, mit sogenannter „Hollow-Fibre" gefüllt. Es sind dünne Schlafsäcke, eigentlich für den Sommer. Aber wenn ich zwei übereinander ziehe, wärmen sie ganz gut. So kann ich mich schlafsackmäßig besser an die jeweiligen Temperaturen anpassen. Diese Nacht ist es so sehr kalt, dass ich kaum schlafen kann. Mein ganzer Körper fühlt sich kalt an; wenigstens zittere ich nicht vor Kälte. Im innersten Schlafsack suche ich vergeblich nach etwas spürbarer Wärme.

Freitag, 29. April – Sonne, Wärme und Gruseltunnel in Besançon

Am Morgen ist mein grünes Zelt außen weiß von Raureif, auch die Wiese um mich herum ist weiß als hätte es geschneit. Meine Wäsche auf der Leine ist steif gefroren, aber leider nicht gefriergetrocknet. Ich genieße meinen heißen Frühstückskaffee. Das Zelt steht noch im Schatten des östlichen Hanges. Der Himmel ist blau und ich sehe, wie die Sonne das gegenüberliegende Ufer bescheint. Da will ich jetzt hin und mich aufwärmen! Flott marschiere ich in Richtung Stadt zurück, um mich schon durch das Gehen zu erhitzen, komme an einem kleinen Sporthafen vorbei, überquere den Doubs auf einer Brücke und setze mich in die Sonne an einen Tisch bei einem Spielplatz. Hier plane ich meine Weiterreise und sauge dabei die wärmenden Sonnenstrahlen in mich auf. Zurück auf dem Campingplatz liegt mein Zelt immer noch im Schatten und ist natürlich, genauso wie meine Wäsche, nicht getrocknet. Ich muss alles nass auf dem Gepäckträger meines Rades befestigen. Der Wind weht aus Süd-West, macht sich mir also als Gegenwind bemerkbar; manchmal ist es jedoch windstill, weil Wald oder Berge den Wind abhalten. Es wird etwas wärmer, so dass ich am Nachmittag sogar den Pulli ausziehen muss.

Kurz vor Besançon erhebt sich plötzlich die Zitadelle über das Tal des Doubs. Die glatten grauen Mauern strecken ihre vielen Ecken wehrhaft nach außen. Hoch über der Altstadt in einer Schleife des Doubs wacht die Festung – oder beherrscht sie die Stadt? Warum gibt es solche Festungen? Menschen bedrohen Menschen; Menschen müssen sich vor Menschen schützen; Ländereien werden erobert, verkauft, getauscht, immer geht es um Macht und Vermehrung von Reichtum und der Preis dafür sind Kriege und die daraus folgende Not der Bevölkerung. Schon die Römer hatten Besançon zu einem wichtigen Militärstützpunkt gemacht. Durch die Jahrtausende hindurch wurde der Ort in der Doubs-Schleife immer wieder hart umkämpft, bis in den Zweiten Weltkrieg hinein, als die Deutschen Besançon einnahmen, das dann später von amerikanischen Truppen für die Franzosen zurück erobert wurde.

In der Stadt angekommen führt der Radweg wieder ein Stück an einem Kanal entlang, der die Schleife des Flusses abkürzt, links vom Fluss abbiegt und in einen Tunnel führt. Unterhalb der Zitadelle hat man den Tunnel in den Berg gegraben, links der schmale Radweg, durch ein schützendes Geländer vom Wasser abgetrennt. Die Decke ist bedrückend niedrig, das elektrische Licht spärlich; den Ausgang des Tunnels sehe ich zunächst noch nicht. Von der Decke fallen vereinzelt Wassertropfen in den Kanal; das Plätschern wird, durch die Tunnelwände reflektiert, zu einem unheimlichen Glucksen. Irgendwo in Mauernischen sitzen Tauben; ihr Gurren hallt grauenhaft durch das Dunkel. Ein unheimlicher Ort; das wäre hier die ideale Kulisse für einen Horrorfilm! Da kommt mir ein anderer Radfahrer entgegen. Ich halte lieber an und lasse ihn an mir vorbei fahren. Endlich das Ende des Tunnels: Licht und Sonne!

Was mir heute besonders auffällt: Hin und wieder gibt es am Ufer des Doubs ausgebaute Angelplätze, die Rollstuhlfahrer über eine Rampe barrierefrei erreichen können.

Auf dem kleinen Campingplatz des Dorfes Ranchot beende ich mein heutiges Reisepensum. Das Campinggelände liegt in einem schönen Park am Fluss. Über ein Wehr rauscht das Wasser des Doubs. Andere Campinggäste sind kaum da. Ich hänge meine am Vortag gewaschene und noch feuchte Wäsche auf; in Sonne und leichtem Wind trocknet sie schnell. In einem Supermarkt im drei Kilometer entfernten Fraisans kaufe ich zum Abendessen ein. Das Essen schmeckt mir besonders gut im Schein der wärmenden Sonnenstrahlen. Ich schlafe wunderbar in meinen Schlafsäcken. Endlich muss ich mal nicht frieren im Zelt.

Am Rhein-Rhone-Kanal entlang

Samstag, 30. April – route barrée, Umleitungen, Irrwege und endlich in Chalon-sur- Saône

Am Morgen ist es zunächst noch bewölkt, dann kommt langsam die Sonne heraus. Werde ich es heute schon bis Chalon-sur-Saône schaffen? Nach meinem Übernachtungsort Ranchot, das noch an den steilen Jurahängen liegt, wird die Landschaft flacher, manchmal noch durch leichte Geländewellen unterbrochen, dann ist es komplett flach; gelegentlich erkenne ich in der Ferne im Dunst Gebirgshänge. Ich folge wieder abwechselnd dem Rhein-Rhone-Kanal und dem Doubs. Kurz hinter Dole führt der Kanal vom Doubs weg und mündet bei St.-Symphorien-sur-Saône in die Saône. Immer noch werde ich sicher geführt durch das Zeichen „EuroVelo 6“. Am frühen Nachmittag beginnt es etwas zu tröpfeln, die Wolken werden zusehends dunkler, es regnet mehr und mehr.

Als mir die Karte bei Pagny-le-Chateau einen sehr verschlungenen Radweg zeigt, nehme ich lieber die Abkürzung über die Autostraße. Das hätte ich vielleicht doch nicht machen sollen, denn es herrscht ziemlich viel Autoverkehr. Ich starre auf die gestrichelte Line am Fahrbahnrand und bemühe mich, möglichst weit rechts zu fahren. Nicht nur heute, sondern schon die Tage vorher auf französischem Gebiet fällt mir auf, dass in Frankreich ziemlich viele Autofahrer ruppig und wenig rücksichtsvoll fahren. Ich habe mich inzwischen daran gewöhnt, immer das Licht eingeschaltet zu haben und die Warnweste zu tragen. In einem Kreisverkehr wird auf Radfahrer nicht sehr geachtet. Deshalb bin ich dazu übergegangen, vor einem Kreisel immer abzusteigen und mein Rad auf dem Fußweg durch den Kreisverkehr zu schieben. So fühle ich mich erheblich sicherer.

Der Regen wird immer stärker und ich tausche die orangene Warnweste gegen das knallgrüne Regencape aus. Dass es immer kälter wird, merke ich beim Radeln gar nicht. Als ich durch ein Dorf fahre, in dem vor einer Apotheke ein Thermometer mit großen Leuchtziffern steht, staune ich, dass es nur vier Grad anzeigt.

Wieder auf dem Radweg zwischen Verdun-sur-le-Doubs, wo der Doubs in die Saône fließt, und dem kleinen Dorf Gergy kommt mein Rad plötzlich ins Schlingern. Der Untergrund ist glitschig wie Schmierseife. Feiner Lehm hat sich auf dem asphaltierten Radweg abgesetzt, sicher durch eine noch nicht lange zurückliegende Überschwemmung. Der Lehm war schon getrocknet, wie ich an den Rissen sehe und ist durch den Regen wieder aufgeweicht und rutschig und klebrig geworden. Schon bald muss ich absteigen. Der Matsch hat die Räder mit den Schutzblechen zusammengeklebt. Da geht nichts mehr. Ein anderer Radreisender kommt mir entgegen. Ich zeige ihm, was mir passiert ist und warne ihn. Er fährt aber weiter und kommt auch gut durch. Wahrscheinlich hat er schmalere Reifen und mehr Platz zwischen Schutzblech und Reifen, so dass der Lehm durchrutschen kann.

Es sind nur noch etwa 100 Meter, bis der Weg wieder ansteigt und der griffige Asphalt frei liegt. Ich klappe den Ständer herunter und stelle das Rad mitten im Matsch ab. Ich nehme das Gepäck herunter und trage es bis zum trockenen Asphalt. Dreimal muss ich gehen; jedes Mal ist das eine Rutschpartie auf meinen Schuhen. Zum Schluss trage ich das Rad zu meinem Gepäckberg - fast wäre ich wieder ausgeglitten. Ich suche mir ein Stöckchen und kratze den Lehm von Reifen und Schutzblechen herunter, bis sich die Räder wieder frei drehen.

Eine kurze Strecke später steht auf dem Radweg ein Schild: „Route barrée". Straße gesperrt. Super. Wahrscheinlich ist es da noch schlimmer mit dem Matsch und der Weg mindestens genauso unpassierbar wie ich es gerade erlebt habe. Ein Schild mit der Aufschrift „Deviation" – Umleitung – zeigt nach rechts. Ich folge dem Schild in das kleine Dorf Raconnay hinein. An einer Kreuzung sehe ich kein weiteres Umleitungsschild und fahre deshalb geradeaus weiter. Nachdem ich an einigen Bauernhöfen vorbeigefahren bin, komme ich auf einen Waldweg, der auf einmal aufhört, mitten im tiefsten Wald. Mir bleibt nichts anderes übrig, als wieder zurückzufahren, an den Bauernhöfen vorbei, bis zur nächst größeren Straße. In welche Richtung soll ich fahren? Den Wegweiser des EuroVelo 6 vermisse ich schon lange. Die Karte hilft mir im Moment gar nicht, weil ich nicht weiß, wo ich genau bin. Einen Wegweiser für Autos sehe ich auch nicht. Ich klingele an einer Haustür, um einen Menschen zu fragen, aber niemand öffnet. Die Straße ist menschenleer. Nach mehrmaligem Hin- und Herfahren entdecke ich dann doch einen Wegweiser nach Chalon-sur-Saône. Es ist nicht mehr weit!

Vor 20 Jahren war ich auf dem Weg nach Chalon-sur- Saône noch um Mitternacht unterwegs, weil ich keine Übernachtungsmöglichkeit gefunden hatte und plötzlich tauchte vor mir in der Dunkelheit die hell angestrahlte Kulisse der Altstadt vor mir auf, mit dem Fluss davor und einer Brücke. Unwillkürlich musste ich an das Himmlische Jerusalem denken, die in der Vision des Johannes beschriebene Stadt aus Gold. Ich fuhr damals über die Brücke in die Stadt hinein, in enge Gassen. Kein Mensch war mehr zu sehen, alle Geschäfte und Hotels waren geschlossen. Alle? Nein, da stand eine Hoteltür weit offen, helles Licht drang heraus und in der Tür stand der Portier, der mir zulächelte. Ich hielt an und ging auf ihn zu, fragte nach einem Zimmer. Er bat mich hinein, überreichte mir den Schlüssel und zeigte mir für mein Rad den Abstellplatz im Haus: An der Wand eines Festsaales, mit golden eingerahmten Spiegeln an den Wänden. Ich hatte das Gefühl, die Hauptperson in einem Märchen zu sein, die sich von einem müden armen Radfahrer zu einem König wandelte.

Diesmal ist die Begegnung mit Chalon-sur-Saône gar nicht märchenhaft. Ich komme in die Stadt über das Industriegebiet. Auf einer stählernen Eisenbahnbrücke sehe ich die Altstadt in der Ferne. Ich kehre lieber um und nehme mir vor, die nächste Brücke zu überqueren, die direkt in die Innenstadt führt. Leider habe ich keinen Stadtplan von Chalon-sur-Saône, der mir genau zeigt, wo exakt ich jetzt bin. Nach nur wenigen Kilometern Radeln im Regen komme ich zu der anderen Brücke und gelange in die Innenstadt.

Am „Place de Beaune" finde ich ein kleines Ein-Stern-Hotel und frage nach einem Zimmer. „Complet" sagt der Wirt, alles belegt. Er empfiehlt mir ein Hotel gegenüber. Ich überquere den Platz und gelange zum Hotel „Kyriad", ein Drei-Sterne-Hotel, viel teurer als das belegte, aber egal, ich bin durchnässt und will jetzt duschen und mir trockene Sachen anziehen; ich bleibe hier; ein Zimmer ist frei und ich checke ein.

Erst einmal muss ich meine dick verschlammten Schuhe einigermaßen säubern und wasche sie in der Badewanne. Frisch geduscht, mit trockener Kleidung, aber nassen Schuhen, gehe ich zum Essen in ein italienisches Restaurant gleich neben dem Hotel. Für einen größeren Stadtbummel mit kalten Füßen und bei diesem Sauwetter fehlt mir die Energie.

Am Tisch neben mir sitzen einige junge Italiener, die sich angeregt und fröhlich unterhalten. Wenn sie mit ihren Biergläsern anstoßen, stoßen sie auch mit mir an und integrieren mich sogar auf einem Gruppenfoto.

Teil 2: Das Ziel ist auch nur eine Station auf dem Weg des Lebens - Eine Woche in Taizé

Sonntag, 1. Mai – Maiglöckchen und Abendglocken

Beim Frühstück im gemütlichen Gewölbekeller des Hotels bin ich zunächst noch allein, dann kommt ein Ehepaar dazu. Eine Hotelangestellte fragt nach den Wünschen: „Kaffee oder Tee?", alles andere gibt es auf dem reichhaltigen Buffet. Eine zweite Hotelangestellte kommt und begrüßt die andere fröhlich und überreicht ihr ein Sträußchen Maiglöckchen.

Für die Weiterfahrt bekomme ich eine kostenlose Radwegekarte im Hotel. Heute ist meine letzte Etappe nach Taizé, die Vorfreude steigt. Ich werde den Euro-Velo 6 verlassen, der weiter die Loire entlang und bis zum Atlantik bei St.-Nazaire führt, und fahre auf einem „Voie Verte", einem „grünen Weg". Parallel zur Autostraße ist er auf einem ehemaligen Bahndamm angelegt.

Das Wetter ist sehr ungemütlich heute; dichte Wolken verdunkeln den Himmel und ein eisiger Wind weht durch die Straßen. Überall an den Straßenecken werden Maiglöckchen-Sträußchen verkauft und gekauft. „Muguet! Muguet!" rufen mir einige Verkäufer zu und wollen mir auch eins verkaufen. Doch ich lehne dankend ab. Wie soll ich es auf dem Fahrrad transportieren und wem soll ich es schenken? Wäre meine Frau Jutta jetzt hier, dann würde ich ihr natürlich eins kaufen.

Der kalte Wind bläst aus nordwestlicher Richtung, zunächst noch mir entgegen, dann biegt der Weg bei dem Dorf Givry in südliche Richtung ab und ich habe Rückenwind.

In Givry ist Flohmarkt, nicht weit von meinem Weg entfernt. Ich bin neugierig und will mir das ansehen und verlasse den Radweg. Manche Verkäufer sind noch am Aufbauen ihrer Stände. Käufer sind erst wenige da. Das Wetter ist ja auch nicht grade einladend.

Drei junge Mädchen, vielleicht 15 Jahre alt, die ihren Stand schon fertig haben, halten mir lächelnd Maiglöckchensträußchen entgegen. Ich lächele zurück und sage auf Englisch, dass mir die Sträußchen gefielen, ich aber keins transportieren könne. Ich frage, ob ich ein Foto mit einem Maiglöckchensträußen machen könne, um es meiner Frau zu schicken und ihr so einen Gruß zum ersten Mai zu schenken. Sie willigen lachend ein. Ich nehme ein Sträußchen in die Hand, die Mädchen auch und die Mutter eines der Mädchen schießt mit meinem Handy ein Foto von uns. Die Mädchen verkaufen neben den Maiglöckchen auch selbst gebackene „Cookies". Davon kaufe ich mir zwei und die Mädchen sagen, die Kekse gäben mir Energie zum Rad fahren. Lachend verabschieden wir uns und ich lenke mein Fahrrad wieder auf den „Voie Verte". Ich fliege nur so dahin dank glattem Asphalt und Rückenwind, der mich die Kälte der Luft nicht spüren lässt.

Die ersten Weinfelder tauchen auf, auf denen der Wein wächst, der Burgund berühmt gemacht hat. Dazwischen führt schnurgerade mein Weg, vorbei an alten

Bahnhäuschen und hölzernen Schranken quer zum Radweg, wenn er von einer Straße gekreuzt wird.

An einer dieser Querstraßen steht plötzlich ein Wegweiser nach rechts mit der Aufschrift „Taizé". Endlich! Ich biege ab und schiebe das letzte Stück der steil nach oben führenden Straße bis zum großen Eingangstor aus Holz, über dem die großen Glocken hängen. Viele junge Menschen laufen hin und her, allein, in Gedanken, oder in kleinen Gruppen, im Gespräch vertieft oder lachend.

Es ist 14 Uhr. Die Anmeldung öffnet erst um 15.30 Uhr, lese ich auf einem Aushang. Wie ich da so stehe mit meinem bepackten Fahrrad, spricht mich ein Mann, etwa in meinem Alter, auf Deutsch an. Er erzählt, er sei schon eine Woche hier und wolle morgen abreisen. „Bis die Anmeldung öffnet, können Sie ja schon Ihr Zelt aufbauen", meint er und führt mich zum Zeltplatz am anderen Ende des Geländes der Communauté de Taizé. Dort zeigt er mir sein Wohnmobil, dann suche ich mir einen schönen Platz aus auf einer Wiese am Rande eines dichten Gebüsches. Ich schlage mein Zelt auf, pumpe die Luftmatratze auf und rolle die Schlafsäcke aus.

Als es Zeit ist zum Anmelden, begebe ich mich zur Anmeldung für Deutschsprachige und stelle mich in die entsprechende Warteschlange. Ich bezahle meinen Beitrag für die ganze Woche, Zeltplatz plus Vollpension, und wundere mich über den geringen Preis. Die Brüder von Taizé verdienen kein Geld mit der Unterbringung von Menschen, die kommen, um für den Frieden zu beten und neue geistliche Kraft zu suchen. Das alles geschieht zum Selbstkostenpreis.

Eingangstor zur Communauté de Taizé

Die Brüder verdienen ihr Geld in den unterschiedlichsten Berufen auf Arbeitsplätzen in der Umgebung.
Sie sind auch als theologische Schriftsteller tätig und
betreiben eine Porzellanmanufaktur, in der sie modern
designtes Geschirr herstellen, das sie in der „Exposition" zeigen und zum Verkauf anbieten. Ich werde ge-
fragt, ob ich zusätzlich zum Mindestpreis noch etwas
mehr bezahlen möchte zur Finanzierung von Freiplät-
zen für Jugendliche, die nicht das Geld haben, für eine
Woche Unterkunft und Verpflegung zu bezahlen. Ich
sage Ja und runde meinen Beitrag auf.

Plakate laden zu einem „Stillen Gebet für den Frieden" um 18 Uhr in die Kirche ein. Ich bin schon einige
Minuten vorher da. Die Kirche ist wunderbar geheizt
und ich wärme mich erst einmal auf. Vorn im Altarraum
hängen große dreieckige Tücher wie Segel, in einem
warmen Orangeton gefärbt. Ich mache mir darüber

Gedanken: Der Geist Gottes treibt die Christenheit wie ein Schiff durch das Meer der Zeiten. Viele Lichter leuchten in aufeinander gestapelten würfelförmigen Bausteinen. Jeder Christ beleuchtet mit seinem Licht den Raum, in den er gestellt ist und leuchtet mit anderen zusammen in dieser Welt, um die Liebe zu vermehren und den Frieden zu stärken.

Immer mehr Menschen kommen zum stillen Gebet in die Kirche und setzen sich schweigend auf den Teppichboden oder auf ein kleines hölzernes Kniebänkchen, das sie mitgebracht haben. Was wohl jeder in der Stille denkt oder betet? Ich selbst kann nicht nur konzentriert beten; mir gehen alle möglichen Gedanken durch den Kopf. Ich überlege: Wenn einige der Menschen hier böse Gedanken hätten, diese Gedanken hätten keine Kraft, Schaden anzurichten, sie blieben ja im Schweigen bewahrt. Ich kann mir vorstellen, dass einfach mal eine halbe Stunde im normalen Alltag zu schweigen viele Probleme in der Welt weniger schlimm machen könnte. Reden nach dem Schweigen muss dann natürlich auch wieder sein, aber ich glaube, es fiele dann anders aus als ohne Schweigen vorweg, vielleicht weniger verletzend, mehr auf Kompromisse bedacht, freundlicher, respektvoller.

Nach dem Friedensgebet ist um 19 Uhr Abendessen und alle Menschen, die in der Kirche waren, strömen zu den Essensausgabestellen hin. Meine, die für die Erwachsenen über 27 Jahre, liegt in der Nähe meines Zeltes. Einige warten schon, weitere folgen, bis pünktlich um 19 Uhr zwei Mitarbeiterinnen der Communauté, Sina und Jasmin, zum Abendessen einladen und vorweg nach einigen Freiwilligen fragen, die nach dem Essen das Zelt durchkehren sollen. Ich melde mich, aus reinem Egoismus, weil ich durch die Arbeit des Kehrens meinen Körper aufwärmen will, denn das trübe, kalte Wetter hält an. Die beiden Frauen stimmen noch einen Taizé-Gesang mit allen Hungrigen an und wünschen uns dann einen guten Appetit. Wir gehen wohlgeordnet, ohne Drängeln, an den Ausgabetischen vorbei und empfangen unser Essen: Nudelsalat in einem Plastikteller. Ein Stück Weißbrot. An einem großen Kanister fülle ich mir heißes Wasser in einen Plastikbecher. Nachdem alle mit dem Essen fertig sind, nehme ich mir einen großen Besen und kehre einen Teil des großen Zeltes aus. Mir wird schön warm dabei!

Neben meinem Zelt steht inzwischen ein weiteres, zusammen mit einem VW-Bus. Ein älteres Ehepaar, auch aus Deutschland, ist dazugekommen. Beide sind sehr freundlich und leihen mir eine Wolldecke, die ich mir noch über die Schlafsäcke legen soll, um nicht zu frieren.

Am „Oyak", dem kleinen Laden am anderen Ende des Geländes der Communauté, ziehe ich mir aus einem Automaten eine Karte für Internetzugang, um über mein Handy das Foto mit dem Maiglöckchenstrauß an meine Frau Jutta zu schicken.

Die Glocken läuten zum Abendgebet, das um 20.30 Uhr beginnt. Die Kirche füllt sich. Ich nehme mir ein Liederheft am Eingang und setze mich auf den warmen Teppichboden. Der Gottesdienst fängt mit einem Wiederholgesang an, mehrstimmig, meditativ. Beeindruckend, wie so viele Menschen, etwa tausend sind es nach meiner Schätzung, mitsingen. Ich fühle mich getragen von diesem Gesang und ich versuche mitzusingen; mit mehrstimmigem Singen habe ich so meine Schwierigkeiten. Ein Gesang nach dem anderen wird angestimmt, die entsprechende Nummer im Liedheft wird durch Leuchttafeln an der Wand der Kirche angezeigt. Zwischendrin gibt es eine Lesung aus der Bibel und eine Zeit des Schweigens. Ein Gesang spricht mich besonders an und wird zum Leitspruch meiner Reise: „Behüte mich, Gott, ich vertraue dir, du zeigst mir den Weg zum Leben. Bei dir ist Freude, Freude in Fülle." Der Text stammt aus dem 16. Psalm. Alle Gesänge der Communauté de Taizé gehen auf Bibeltexte zurück. Sie werden in verschiedenen Sprachen gesungen.

Nach dem Gottesdienst gehe ich noch zum Oyak. Die Schlangen an der Ausgabe für einen Becher Bier oder Wein sind lang. Ein Bier würde mir jetzt auch schmecken, aber ich will nicht in der Kälte lange danach anstehen, sondern bestelle mir lieber einen heißen Tee. An der Ausgabe für Tee gibt es keine Schlange und ich bekomme sofort mein Getränk. Der Tee wärmt mich und ich gehe langsam zurück zu meinem Zelt. Diese Nacht schlafe ich gut, dank der zusätzlichen Decke meiner Nachbarn.

Montag, 2. Mai – Gebet und Gemeinschaft - der erste ganze Tag in Taizé

Am Morgen scheint die Sonne! Noch ist es kalt und ich wärme mich beim Waschen im gut geheizten Sanitärgebäude auf. Als ich zum Morgengebet in die Kirche gehe, es beginnt um 8.15 Uhr, stehen Soldaten mit Maschinenpistolen auf dem Platz vor der Kirche. Ein bedrohlicher Anblick. Im Merkblatt über den Aufenthalt in Taizé, das ich gestern bei der Anmeldung bekam, steht folgendes über die Soldaten: „In Frankreich patrouillieren vor Kirchen und religiösen Gebäuden gegenwärtig Angehörige der Streitkräfte: Dies dient der inneren Sicherheit."

Auf den Fahrzeugen der Soldaten lese ich den Schriftzug „Mission Vigipirate". Angesichts der jüngsten Terroranschläge islamistischer Terroristen in Frankreich ist der „Antiterrorplan Vigipirate ein zentraler Bestandteil der Maßnahmen Frankreichs zur Terrorismusbekämpfung, der der anhaltend starken Bedrohung durch den Terrorismus Rechnung trägt", informiert die französische Botschaft in Deutschland auf ihrer Homepage.

Beim Eintritt in die Kirche durch eine der zahlreichen Türen kontrollieren freiwillige jugendliche Helfer die Taschen der Gottesdienstbesucher. Nicht dass jemand eine Waffe dabeihat! Im Jahr 2005 wurde der Gründer und Prior der Communauté, Frère Roger, während eines Gottesdienstes von einer psychisch kranken Frau mit einem Messer getötet.

Fühle ich mich sicher durch die schwer bewaffneten Soldaten, die Wache halten? Meine Gefühle sind zwiespältig. Wenn Soldaten Wache halten müssen, rechne ich mit einer latent verborgenen Gefahr in allernächster Nähe. Kein schönes Gefühl. Wären die Soldaten nicht da, wären mögliche Gefahren ausgeklammert, beiseite geschoben, als gäbe es sie nicht. Jedenfalls, ein wirkliches Gefühl von Angst habe ich nicht angesichts der vielen fröhlichen, überwiegend jungen Menschen; die Lebensfreude überwiegt. Die anwesenden Soldaten stecken mit ihrer Aufmerksamkeit an und lassen auch mich aufmerksam sein gegenüber den Gefahren in dieser Welt. Ich stelle mir vor, wie hier in Taizé ein terroristischer Anschlag aussehen würde und ob die Soldaten und die Kontrollierenden an den Eingängen der Kirche das wirklich verhindern könnten. Die einzige Möglichkeit, Terrorismus abzuwehren, sehe ich darin, ohne Angst weiter den christlichen Glauben zu feiern und im Alltag zu leben im Vertrauen auf Gott: „Behüte mich Gott, ich vertraue dir, du zeigst mir den Weg zum Leben." Im Alltag brauchen wir den Mut, uns allen Formen extremistischer Weltanschauungen, die Menschen anderer Denk- und Lebensweisen ausschließen, entschieden entgegenzustellen, ohne selbst dabei Gewalt oder beleidigende Worte anzuwenden.

Nach dem Frühstück streben alle ihren Versammlungszelten zu, in denen es Frühstück gibt. Freiwillige Helferinnen und Helfer der Taizébesucher teilen freundlich das Frühstück aus: Ein Stück frisches Baguette, Käse, Butter, Marmelade. Pulverkaffee und Milchpulver nimmt sich jeder selbst aus bereitgestellten Eimern und zapft sich dazu heißes Wasser aus einem großen Kanister.

Kurz vor 10 Uhr versammeln sich die Erwachsenen in ihrem Zelt. Pünktlich um 10 Uhr ist Bruder John da, um die Einführung in diesen Tag zu halten. Bruder John stellt sich vor. Er spricht Englisch und kommt aus den USA. Seit 1974 lebt er als Bruder in Taizé und arbeitet hier als Theologe.

Bruder John fragt die einige Hundert Anwesenden nach ihrer Herkunft. Die meisten kommen aus

Deutschland, die anderen aus Frankreich, den Niederlanden, Schweden, Polen, Großbritannien, Irland und Hongkong. Er fragt nach freiwilligen Helfern für das Dolmetschen. Es meldet sich eine Frau, die ins Deutsche übersetzt, eine weitere, die für die Franzosen dolmetscht und eine dritte Frau übersetzt in Gebärdensprache für zwei Taubstumme.

Bruder John gibt eine Einführung in das Leben in Taizé:

„Vielleicht lernen wir hier in Taizé besser zu verstehen, was es bedeutet, als Christ zu leben. Alles, was wir hier tun, ist Teil eines umfassenden Lebens. Wir leben hier etwas anders als sonst im Alltag und das gibt uns die Möglichkeit, das Evangelium neu zu entdecken. Das gemeinsame Gebet prägt den Tagesablauf. Gebet bedeutet für uns: Gott als die Mitte des Lebens ansehen. Das Gebet ist sehr einfach. Allein schon deswegen, weil es in zehn verschiedenen Sprachen gebetet wird, muss es einfach sein. Die Gebetsgesänge werden wiederholt und lassen sich dadurch leicht lernen. Um 14 Uhr werden die Lieder in der Kirche eingeübt und wer möchte, ist herzlich eingeladen, mitzumachen.

Die Zeit der Stille gehört zum Gebet dazu. Die Stille hilft, dass das Gebet keine Routine wird, sondern offen bleibt für die Gegenwart Gottes. Die Stille auszuhalten ist manchmal einfach, manchmal schwierig, weil man sich nicht gut konzentrieren kann. Die paar Minuten der Stille kommen einem am Montag, zu Beginn des Aufenthaltes in Taizé, sehr lang vor, gegen Ende der Woche oft zu kurz. Wir wollen dazu ermuntern, die Kirchen zu Hause außerhalb der Gottesdienste auch als

Ort der Stille zu nutzen, nicht nur als Ort, an dem Konzerte oder Filmvorführungen veranstaltet werden.

Neben dem Gebet ist die andere bedeutende Seite von Taizé die Gemeinschaft. Die Beziehung zu Gott wird sichtbar in der Beziehung der Menschen untereinander. Zur Zeit leben wir hier zusammen mit etwa 3000 Menschen. Das hat auch eine ganz praktische Seite. Jeder muss mithelfen, weil nur wenig hauptamtliches Personal da ist. Um diese Hilfe zu organisieren, sind Sina und Jasmin da. Sie sind verantwortlich für die Gruppe der Erwachsenen, also für Sie."

Nun ergreifen Sina und Jasmin das Wort und stellen sich erst einmal vor. Sina kommt aus Deutschland und Jasmin aus den Niederlanden. Beide sind 20 Jahre alt. „Wir sind in dieser Woche verantwortlich für Sie, auch wenn Sie alle viel älter sind als wir", teilen sie uns auf Deutsch und auf Englisch mit und alle schmunzeln. „Wir werden zusammen arbeiten, essen und beten. Ganz praktische Dinge sind dafür wichtig, zum Beispiel die Einteilung für die verschiedenen Dienste. Sie werden sich nachher zu kleinen Gruppen zusammenfinden, die sich zu den Bibelgesprächen treffen, aber auch zusammen einen Dienst übernehmen: Geschirr spülen, Essen ausgeben, Versammlungszelt reinigen, Waschräume säubern, und so weiter. Welchen Dienst welche Gruppe übernimmt, das erfahren Sie hier am Schwarzen Brett", sagt Sina und zeigt auf die Tafel an der Zeltwand.

Nun spricht wieder Bruder John. Er sagt: „Wer ist unter 40? OK, Sie bilden die Gruppen der ‚Baby-Erwachsenen'" Alle lachen. „Sie formieren sich zu kleinen Gruppen bis zu zehn Personen, so können wir am besten einander zuhören und voneinander lernen." Es kommt Bewegung in die Menge der Menschen im großen Zelt. Mit acht weiteren Personen im Alter von etwa 45 bis 75 Jahren finde ich mich zu einer Gruppe zusammen, wir sind sechs Frauen und drei Männer, alle aus Deutschland.

Frère John erklärt, wie es mit den Gruppen weitergeht: „Die Gruppen treffen sich um 15.15 Uhr zum Gespräch und suchen sich dazu einen schönen Platz aus. So ist am Vormittag nach der Bibeleinführung genug Zeit, dass jeder persönlich über das in der Bibeleinführung Gehörte nachdenken kann. Dann kann die Diskussion am Nachmittag mehr in die Tiefe gehen. Heute machen wir es ausnahmsweise anders: Die Gruppen treffen sich gleich anschließend an die Bibeleinführung, damit sich die Gruppenmitglieder gegenseitig kennenlernen." Bruder John kommt noch auf die Sicherheitsmaßnahmen zu sprechen: „Nehmen Sie bitte möglichst keine Taschen mit in die Kirche! Wer doch eine Tasche dabeihat, lässt sie am Eingang von den freiwilligen Helfern kontrollieren. Draußen sorgen Soldaten für Sicherheit."

Es folgt die Einführung in den Bibeltext, der heute das Thema des Tages ist. Alle Texte stehen unter dem Oberbegriff „Barmherzigkeit", das Hauptthema dieses Jahres (2016) in Taizé, erklärt Bruder John. Heute ist das 2. Buch Mose (Exodus), Kapitel 3, die Verse 1 bis 14 dran. Jeder bekommt ein Blatt mit dem Text in seiner jeweiligen Sprache. Zum Text stehen Fragen auf dem Blatt als Anregungen für die Gruppengespräche danach. Im Bibeltext geht es um den Auftrag, den Moses bekommt, um sein Volk der Hebräer aus der Knechtschaft in Ägypten herauszuführen. Gott hat das Elend seines Volkes gesehen und will es befreien und in ein neues schönes Land führen. Gott spricht zu Mose aus einem brennenden Dornbusch heraus. Moses zögert, den Auftrag anzunehmen.

Einige Aussagen der Auslegung von Bruder John gebe ich wieder:

„'Moses' ist kein hebräischer, sondern ein ägyptischer Name. Das macht deutlich, dass Mose eine Identitätskrise hatte. Er weiß nicht, wer er ist, Ägypter oder Hebräer und er hat auch keine Heimat. Mose heiratet und wird Schäfer in einem fremden Volksstamm."

„Einfache Dinge weisen auf anderes, größeres hin, so wie der Busch in der Wüste. Gott kann durch ganz alltägliche, normale Dinge zu uns Menschen sprechen. Mose fühlt sich durch den Busch angezogen; da ist etwas, das sein Herz anspricht. Er will sehen, was da anders ist. Er nähert sich dem Busch und erfährt dann: ‚Komm nicht näher!' Mose ist gleichzeitig angezogen und abgestoßen. Er hat Angst. Er hat keine Angst vor etwas Bösem oder vor einer Strafe, sondern davor, dass es ihm zu viel ist; er weiß nicht, wie er reagieren soll. So ist es vielleicht auch bei uns, wenn wir zum Beispiel vor einer neuen beruflichen Möglichkeit stehen und davon fasziniert sind, gleichzeitig uns aber davor scheuen, die neue Chance wirklich zu ergreifen. Es ist zu viel; es kostet zu viel Kraft. Das macht Angst."

„Diese Erzählung über die Berufung des Moses ist der wichtigste Text für die Juden. Gott zeigt sich als der Barmherzige: Er sieht das Leid seines Volkes und will es erretten. Andere Götter taten nichts für leidende Menschen, deshalb mussten sie die Götter durch Opfergaben dazu bringen, den Menschen zu helfen. Der Gott des Mose aber hört den Menschen zu. Er hört die Einwände des Mose, wenn er sagt: ‚Ich? Nein, das ist mir zu viel!‘ Gott antwortet darauf: ‚Wenn du meinen Auftrag als für dich unmöglich ansiehst, dann mache ich es dir möglich. Ich will mit dir sein!‘ Auf fünf Ausreden des Mose reagiert Gott mit fünf ermutigenden Entgegnungen. Mose fragt Gott nach seinem Namen. ‚Ich bin für dich da‘ ist die Antwort. Ein rätselhafter Name, eher ein Satz, ein Programm. Gott lässt sich nicht an ein Namenswort binden.“

Nach der Einführung von Bruder John verlassen alle das Zelt, um sich in den Kleingruppen zusammenzufinden. Die Gruppen verteilen sich auf der Wiese draußen, einige gehen auch in das Zelt zurück, denn es ist noch etwas kühl draußen. Jeder nimmt sich einen gelben eisernen Klappstuhl, von denen überall genügend herumstehen. In meiner Gruppe stellen wir einander vor. Zwei Pärchen gibt es, Karin und Friedrich und noch eine Karin und Joachim. Ohne Partner nach Taizé gekommen sind Annette, Beate, Gabi, Agnes und ich. Agnes erzählt, dass ihr Mann auch gerade allein eine Radtour macht. Er will alle 16 deutschen Bundesländer in 16 Tagen bereisen. Wir beschließen, die nächsten Gruppentreffen - entgegen der Empfehlung von Bruder John - statt am Nachmittag am Vormittag, direkt nach der Einführung, zu halten. Allen ist eine lange Mittagspause wichtig. Angestoßen durch den Bibeltext kommen ähnliche Lebenserfahrungen in unserer Gruppe zur Sprache, wie Mose sie machte: Umbruch und Neuanfang im Leben und Erfahrungen von Gottes Nähe und

Kraft und dadurch die Ermutigung, weiter zu gehen. Gegen 12 Uhr beenden wir unser Gruppentreffen.

Gesprächsgruppen nach der Bibeleinführung

Um 12.20 Uhr beginnt die Mittagsandacht in der Kirche. Auf dem Weg dorthin, zusammen mit Hunderten von meist jungen Menschen, habe ich das Gefühl, hier in Taizé zu Hause zu sein. Viel hat sich seit meinem letzten Besuch vor 20 Jahren nicht verändert. Die Sanitär-Gebäude sind neu und komfortabler; in den Gottesdiensten gibt es einige neue Lieder, aber auch viele, die mir von damals bekannt sind, werden noch gesungen. Die Brüder sitzen in der Mitte der Kirche, in lange weiße Gewänder gekleidet, die meisten auf einem hölzernen Kniebänkchen, andere auf Stühlen. Der Bereich der Brüder ist durch eine niedrige Hecke aus Buchsbaum eingefasst. Alle anderen Gottesdienstteilnehmerinnen und –teilnehmer sitzen auf dem Teppichboden, einige haben ein Kniebänkchen dabei. So war es vor 20 Jahren

58

auch, ebenso die Stimmung, ruhig, die Melodien ins Herz gehend, von Hunderten von Menschen gesungen. Melodien, die die Sinne öffnen für die Gegenwart Gottes. Eine Predigt gibt es in den Tageszeiten-Gebeten nicht. Es soll hier niemand indoktriniert werden. Jeder findet seine eigene Ausprägung des Glaubens und wie er oder sie den Glauben im täglichen Leben in die Tat umsetzt. Die Bibeleinführungen sind keine Predigten, sondern erklären nur die ursprüngliche Bedeutung der Bibeltexte und geben Anstöße zum eigenen Nachdenken und für die Gespräche in den Gruppen. Ich habe sehr oft die Erfahrung gemacht, dass Gottes Wort erst richtig lebendig wird und anfängt, persönlich zu mir zu reden, wenn ich zusammen mit anderen Menschen darüber spreche und wir unsere Lebens- und Glaubenserfahrungen austauschen.

Nach der Andacht strömen alle aus der Kirche zu den Essenszelten zum Mittagessen. Die Erwachsenen sammeln sich vor ihrem Zelt. Bevor es los geht, betritt zuerst die Gruppe der Teilnehmenden, die für die Essensaufgabe eingeteilt sind, das Zelt. Sina und Jasmin erwarten uns draußen und als die Essensverteiler bereit sind zur Ausgabe, stimmen beide einen Taizé-Gesang mit uns an. Dann bilden alle zwei Schlangen und geordnet und ruhig geht jeder an einer der zwei Essensausgaben vorbei und bekommt die Mahlzeit freundlich überreicht. Jeder, der das Essen empfängt, bedankt sich genauso freundlich. Die Mahlzeit ist einfach, aber gut gewürzt und sehr schmackhaft. Der Speiseplan für die ganze Woche hängt an der Zeltwand: Heute gibt es einen Eintopf aus Reis, Gemüse, Mais und Curry. Für heute Abend steht Nudeln mit Tomatensauce auf dem Plan.

Beim Tageszeitengebet in der Kirche der Versöhnung

Nach dem Essen verkrieche ich mich in mein Zelt, um einen schönen Mittagsschlaf zu halten. Zum Geschirr spülen nach dem Mittagessen bin ich zum Glück nicht eingeteilt wie vor 20 Jahren. Ich bin mit meiner Gruppe abends nach dem Essen dran.

Frisch ausgeschlafen gehe ich auf dem Gelände spazieren, setze mich ein wenig in die Kirche und genieße die Stille und das Licht, das durch die bunten Glasfenster ins Innere fällt. Einige Menschen sind in der Kirche zusammengekommen, um das mehrstimmige Singen der Taizé-Gesänge einzuüben.

Bei der Fortsetzung meiner Runde draußen kommt mir ein Mann entgegen, der mir bekannt vorkommt. Es ist Pater Edward, katholischer Priester aus Langenselbold! Wir sind überrascht, uns hier zu treffen. Er ist mit einer Gruppe von Firmlingen in Taizé. Die sehe ich später auch noch. Einige sind aus Rodenbach dabei; ich kenne sie noch von der Schule. Zwar hatte ich sie nicht als Schüler im evangelischen Religionsunterricht, aber sie erinnern sich noch an mich, als ich als Nikolaus verkleidet am 6. Dezember die Erstklässler besuchte. Und einige waren in Unterstützergruppen dabei, um Mobbingsituationen unter Schülern beenden zu helfen.

Zurück bei meinem Zelt kümmere ich mich um mein Fahrrad: putzen, Kette ölen, Bremsbeläge wechseln.

Um 19 Uhr ist Abendessen. Gleich danach treffe ich mich mit meiner Gruppe in der Spülküche im Haus „El Abiodh". Hedy, ein junges Mädchen aus Deutschland, die im vergangenen Jahr Abitur gemacht hat, und für ein Jahr lang als „Volonteer" in Taizé arbeitet, zeigt uns, was zu tun ist: Erst einmal eine Plastik-Einwegschürze anziehen. Dann jede Menge großer Kochtöpfe, Schüsseln Warmhaltebehälter, Servierplatten und Schöpfkellen spülen und richtig in die Regale stellen. Wir lernen es schnell. Am Schluss wird noch der Fußboden gewischt und fertig sind wir. Als Belohnung bekommt jeder von Hedy einen Schokoriegel. Jetzt müssen wir uns beeilen: Um 20.30 Uhr fängt das Abendgebet in der Kirche an.

Nach dem Gebet trinke ich noch einen heißen Tee im Oyak, dann begebe ich mich zum Schlafen in mein Zelt. Das war ein langer Tag heute und das Besondere war: Der Tagesablauf war genau eingeteilt und strukturiert durch die drei Tageszeitengebete und die weiteren festen regelmäßigen Termine. Ich weiß, was mich morgen und die nächsten Tage erwartet und kann diese

Woche hier zu Hause sein und ich habe das Gefühl, noch sehr lange hier zu leben. Das macht mich glücklich und zufrieden.

Dienstag, 3. Mai – Barmherzigkeit, gutes Wetter, Nachkriegskinder und ein Ofenparadies

Einige Minuten vor 10 Uhr kommt Bruder John mit dem Fahrrad an. Der Tischdienst ist gerade noch dabei, das schmutzige Geschirr zur Spülküche zu bringen. Die Bänke im Zelt füllen sich mit den Menschen, die die Bibeleinführung von Bruder John hören wollen. Danach werde ich mich wieder in meiner Gesprächsgruppe treffen und heute Nachmittag will ich an einem Workshop teilnehmen. In der Nähe der Kirche, bei den kleinen Versammlungsräumen habe ich einen Anschlag gelesen über die angebotenen Workshops: „Solidarität mit der Schöpfung" und „Ist Barmherzigkeit gefährlich?" Mich reizt das zweite Thema. Hört sich interessant an.

Jetzt ist erst mal Bruder John dran. Heute spricht er über den Bibeltext 2. Mose (Exodus) 34, Verse 1 bis 10. Es geht um die Begegnung Gottes mit Mose auf dem Berg Sinai, auf dem er zum zweiten Mal die Zehn Gebote empfing, nachdem er sie beim ersten Mal vor Wut über den Unglauben seines Volkes zerbrochen hatte.

„Das Buch Exodus erzählt, wie Gott sein Volk aus der Sklaverei befreit und ihm neue Wege zeigt", beginnt Bruder John seine heutigen Ausführungen. „Gott wirkt durch Menschen; er wirkt durch uns. Die neuen Wege, die Gott führt, sind schwierige Wege, denn sie führen durch die Wüste. Auf dem Sinai will Gott den Menschen deutlich machen: Ihr seid jetzt mein Volk. Gott ruft sein Volk nicht, um bestimmte Menschen besser zu machen als andere, sondern um allen die gleiche Botschaft zu geben, seine ‚Thora‘, seine Lehre. Als Christen sind wir nicht besser als andere Menschen; wir haben aber die Möglichkeit, durch unser Leben anderen zu zeigen, wie Gott ist.‘‘

„Nachdem das Volk Israel nach dem ersten Erhalt der Gebote von Gott abgefallen war, macht Gott ihm einen neuen Anfang möglich. Das bedeutet Vergebung. Mit der Beziehung Gottes zu den Menschen ist es so wie mit den Beziehungen der Menschen untereinander: Zwei Menschen haben eine gute Beziehung. Dann gibt es zwischen den beiden Ärger; die Beziehung ist gestört. Dann kommt es zur Versöhnung. Durch die Versöhnung wird die Beziehung vertieft.‘‘

„Die Menschen lernen, Gottes Wesen, seinen Namen, besser zu verstehen durch den Neuanfang, den er ermöglicht. Gestern haben wir die zwei Namen Gottes erfahren: 1.) ‚Ich bin der Gott Abrahams, Isaaks und Jakobs.‘ 2.) ‚Ich bin, der ich bin‘. Diese so sehr unbestimmten Namen Gottes zeigen, dass wir Gott nicht in eine Kiste packen können. Im hebräischen Urtext steht für den Namen Gottes ein Wort, das wir normalerweise ‚Jahwe‘ lesen. Es weiß aber keiner, wie es wirklich ausgesprochen wird. Tatsache ist, dass der Stamm des Verbs ‚sein‘ in diesem Wort drinsteckt.‘‘

„Eine der Eigenschaften Gottes, die Moses in seiner Anrede an Gott nennt, ist ‚Barmherzigkeit‘. Barmherzigkeit ist ein ganz tiefes Gefühl, ist ein Teil des Körpers und sitzt in den Eingeweiden, in der Gebärmutter. Es ist das tiefe Gefühl von Liebe, wie es eine Mutter zu ihrem Baby hat. Eine weitere Eigenschaft, die Mose Gott zuspricht, ist ‚Gnade'. Gnade spielt sich ab zwischen einer Person, die Macht hat und einer anderen, die in einer schwachen Position steht. Gnade ist, wenn, der, der oben steht, dem Niedrigen hilft und ihm etwas freiwillig gibt. Gott als der Mächtige hört das Schreien seines notleidenden Volkes und kommt herunter im Dornbusch. So kommt Gott auch in Jesus herunter, um mit den Menschen mitzuleiden."

„Langmütig, geduldig, ‚slow to anger' ist eine weitere Eigenschaft Gottes in unserem Text. Gott wird nicht so schnell zornig. Zorn ist nicht Gottes Haupteigenschaft. Er sagt aber auch nicht zu allem ‚ja', sondern durchaus auch ‚nein!', und zwar zu allem, was Leben zerstört. Gott ist grundsätzlich ‚Ja!' Wenn ihm etwas gegen dieses ‚Ja' geht, dann sagt er deutlich ‚nein!' 'Huld', die nächste Eigenschaft Gottes, ist ein Beziehungsbegriff. Gott ist nicht weit weg, sondern er kommt, um eine Beziehung zum Menschen zu suchen." 'Treue': Viele Menschen geben heutzutage Beziehungen schnell wieder auf. Gott macht einen neuen Anfang möglich. ‚barmherzig, gnädig, freundlich': Gott ist auch dann noch treu, wenn wir die Beziehung zu ihm beenden. Wer ihm untreu wird, dem vergibt er, bis in die 1000. Generation, das heißt: für immer. Im Gegensatz dazu steht der Satz: ‚Gott lässt den Sünder nicht ungestraft'. Das bedeutet: Was wir auch tun, es hat immer Konsequenzen, nicht nur für uns selbst, sondern auch für andere Menschen. Wo Böses in der Welt getan wird, hat das Konsequenzen. Gott schenkt uns einen neuen

Anfang; gleichzeitig aber müssen wir die Konsequenzen unseres Handelns tragen."

Während Bruder John zum Ende seiner Bibeleinführung kommt, regnet es draußen und donnert. „Good weather ist on the way" verspricht er uns. Wahrscheinlich hat er sich extra für uns, kurz bevor er kam, den Wetterbericht angesehen.

Unsere Kleingruppe kommt zusammen. Die Themen die uns bewegen, sind: Kriegs- und Nachkriegskinder und Schwierigkeiten mit den alten Eltern. Wir tauschen Erfahrungen aus, die wir mit unseren Eltern hatten. Die Älteren unserer Gruppe stellen übereinstimmend fest: Unsere Eltern hatten nicht gelernt, Gefühle zu zeigen, im Gegenteil: Sie wurden dazu erzogen, keine Gefühle zuzulassen. Sie konnten nicht wertschätzen, was die Kinder taten. Sie hatten ein fest gefügtes Menschenbild, das ihnen sagte, was „normal" ist: Gehorsam sein, nicht auffallen. Alles, was von diesem anerzogenen Menschenbild abwich, galt als „unnormal" und wurde abgelehnt. Sie hatten für sich selbst ein großes Bedürfnis nach Anerkennung, die sie anderen aber nicht geben konnten; sie machten eher alles schlecht, was andere schufen. Diese Verhaltensweisen waren Konsequenzen der Diktatur Hitlers und des Zweiten Weltkrieges, die so unbeschreiblich großes Unheil über viele Staaten der Erde und über so viele Menschen brachten. Diese Zusammenhänge der Kriegserfahrungen mit den Verhaltensweisen unserer Eltern erkennen wir erst heute so richtig. Das hilft uns, barmherzig mit unseren alten Eltern umzugehen.

Friedrich, der Älteste aus unserer Gruppe, erzählt ein Erlebnis, das uns allen sehr nahe geht: „Ich war fünf Jahre alt; der Krieg war gerade zu Ende. Es herrschte große Armut. Meine Mutter musste aus dem Haus gehen, um etwas zu essen zu besorgen und ich sollte darauf achten, dass das Feuer im Ofen nicht ausging. Es war Winter und sehr kalt. Als das Feuer drohte zu verlöschen, habe ich das einzige Spielzeug, das ich besaß, meine Bauklötze, in den Ofen geworfen." Friedrichs Lebensgefährtin Karin ergänzt: „Friedrich hat sich zu Hause ein richtiges Ofenparadies geschaffen. Drei Öfen gibt es im Haus, zwei, die mit Holz befeuert werden und eine Öl-Zentralheizung. Überall ist Holz in großen Mengen gelagert. Friedrich schlägt das Holz im Wald selbst. Er hat alle Maschinen, um das Holz zu bearbeiten, bis es ofenfertig ist. Es soll für ihn nie wieder zu wenig Holz da sein wie damals, als er seine Bauklötze verbrannte."

Am Nachmittag wird das Wetter tatsächlich schön, die Sonne scheint und die Temperatur steigt auf etwa 20 Grad an. Jetzt treffen sich die meisten Gruppen zu ihren Gesprächen auf der großen Wiese und sitzen in kleinen Stuhlkreisen in der wärmenden Sonne. Meine Gruppe hatte sich ja schon getroffen; ich habe Freizeit und bummele über das Gelände.

In einem Gebäude befindet sich die „Exposition". Dort wird ausgestellt, was die Bruderschaft von Taizé produziert und man kann es kaufen. Ich gehe hinein und bewundere das Keramik- und Porzellangeschirr. Viele unterschiedliche Muster gibt es zur Auswahl. Kunsthandwerk ist auch zu sehen, zum Beispiel wunderschöne Ikonen. Ich stöbere in der Buchecke und finde auch Werke von Bruder John. Bevor ich gehe, kaufe ich noch einige Ansichtskarten von Taizé, um sie meinem Vater zu schicken.

Pünktlich um 17.30 Uhr beginnt der Workshop „Ist Barmherzigkeit gefährlich?" in einem der kleinen Versammlungsräume in einer Baracke im Eingangsbereich des Geländes. Bruder Richard leitet den Workshop. Er spricht Englisch mit den Anwesenden und bittet gleich zu Beginn die Erwachsenen, dass sie den Jugendlichen den Vortritt geben sollten bei Wortmeldungen. Bruder Richard hat drei Texte der Bibel ausgesucht, die die Barmherzigkeit Gottes beschreiben:

1.) Das Buch des Propheten Jona, Kapitel 3, Vers 10 bis Kapitel 4, Vers 4 erzählt, wie Gott die angekündigte Strafe für die Stadt Ninive zurückzieht und Barmherzigkeit walten lässt. 2.) Im Evangelium nach Lukas, Kapitel 15, beschreiben drei Gleichnisgeschichten, wie Gott falsches Verhalten vergibt und verlorene Menschen nicht verstößt, sondern sie sucht und wieder annimmt. 3.) Im Gleichnis von den Arbeitern im Weinberg (Matthäus, Kapitel 20, Verse 1 bis 16) bedeutet Barmherzigkeit, wenn ein Unternehmer auch den Tagelöhnern, die erst am späten Nachmittag ihre Arbeit anfingen, den gleichen Lohn zahlt wie denen, die schon den ganzen Tag gearbeitet hatten.

Bruder Richard sagt dazu: „Das Gefährliche an der Barmherzigkeit ist: Sie brüskiert diejenigen, die sich redlich bemüht haben, ihre Pflicht zu erfüllen. Da bekommen die, die keinen Beitrag für ihr Wohlergehen geleistet haben, plötzlich alles, unverdient, einfach so, aus Barmherzigkeit und Gnade, um sie vor dem Verderben zu retten. Neid macht die anderen unzufrieden, die alle Normen erfüllt haben, die treu und zuverlässig ihre pflichtmäßige Arbeit taten und am Ende auch nicht mehr bekamen. Sogar die Feinde zu lieben fordert Jesus auf. Das ist der Gipfel der Barmherzigkeit und Gnade: die eigenen Feinde lieben, denen gnädig und barmherzig gegenüberstehen, die mir Böses antun wollen und mir schaden.

Bruder Richard betont, dass man aus Gnade und Barmherzigkeit kein Gesetz machen kann. „Das Gesetz bringt eine böse Tat mit der angemessenen Strafe ins Gleichgewicht, so wie es das alttestamentliche Gesetz, das Jesus zitiert, sagt: ‚Auge um Auge, Zahn um Zahn.' Eine Gewalttat wird mit einer gleichen Tat bestraft, nicht mehr, dann sind Täter und Opfer quitt, die Untat ist gesühnt." Ein junges Mädchen meldet sich und sagt: „Ich verstehe das mit dem ‚Auge um Auge' so: Wenn einer mir ein Auge rausgeschlagen hat, dann schlage ich das entsprechende Auge des anderen nicht auch heraus, sondern er muss mit einem seiner zwei Augen für mich mitsehen." Interessant! So habe ich das noch nie gesehen. Das bedeutet, wenn einer jemandem etwas Böses getan hat, ihn verletzt hat, dann übernimmt er für ihn Mitverantwortung und hilft ihm, den Schaden wieder gut zu machen, anstatt dass er als Täter bestraft wird. Wer das so versteht, der geht aufmerksamer für seine Mitmenschen durch die Welt und tut dem Nächsten so leicht nichts Böses. Das könnte besser funktionieren als die Angst vor Strafe. Dann würde die Gnade das Gesetz besser erfüllen als das Gesetz selbst, das immer zusammen mit einer Strafe genannt wird, die garantieren soll, dass es erfüllt wird.

Kurz vor dem Abendessen fragt mich auf Englisch ein Mann, etwa in meinem Alter, nach seinem Quartier in einer der Baracken. Ich gehe mit ihm nach seiner Zimmernummer suchen. „Ich bin Will und wie heißt du?" stellt er sich kurz vor und fragt gleichzeitig nach meinem Namen. Ich sage ihm wie ich heiße. „Ich komme aus Kanada", sagt er, „meine Reise hierher hat 36 Stunden gedauert. Jetzt bin ich müde und suche mein Bett."

Mittwoch, 4. Mai - Johannes, der Täufer und aktiv sein für den „Schalom"

Als ich Will am Morgen vor dem Morgengebet begegne und wir uns begrüßen, hat er meinen Namen nicht vergessen. Ich seinen auch nicht, ist ja leicht zu merken. Er erzählt mir, dass er bis Sonntag hier in Taizé bleiben wolle, um dann mit dem Zug nach Saint-Jean-Pied-de-Port zu fahren, um von dort aus den Jakobsweg nach Santiago de Compostela zu wandern. Er sei auch seit kurzem Rentner und habe in Kanada bei der Firma Ford als Maschinenbauingenieur gearbeitet.

Auf dem Weg zum Frühstück unterhalte ich mich mit einem französischen Ehepaar. Wir kommen auf den Gesang der Amseln und Nachtigallen zu sprechen, die gerade zu hören sind. Die Eheleute sprechen sehr gut Deutsch und wir tauschen unsere Gefühle und unser Wissen über die Vögel aus. „Die Amsel ist ein heiliger Vogel in der keltischen Mythologie", weiß die Frau zu berichten, „sie ist dort ein Vogel, der die Zukunft voraussagt. Es gibt auch eine Geschichte von einer weißen Amsel, die der französische Schriftsteller Alfred De

Musset geschrieben hat. Auch die Brüder Grimm erzählen ein Märchen, in dem Amseln vorkommen (der kluge Knecht)". Die beiden kennen sich aus und ich nehme mir vor, später zu Hause weiter über Amseln, besonders über die weiße Amsel, zu recherchieren. Amseln, die teilweise weiß sind, habe ich schon öfter gesehen.

Bruder John hält heute die Bibeleinführung über das Evangelium nach Lukas, Kapitel 3, die Verse 7 bis 22. Dieser Abschnitt enthält die Rede von Johannes dem Täufer und wie Jesus zu ihm kommt, um sich von ihm taufen zu lassen. Bruder John weist darauf hin, dass Johannes der Täufer eine historische Person ist, weil er auch in alten Schriften außerhalb der Evangelien bezeugt wurde. Hier einige Aussagen von Bruder John:

„In unserer Welt gibt es viel Schönes, aber es ist nicht alles gut. Jeden Tag berichten die Zeitungen über Kriege und Flucht. Wie kann ein guter Gott die Welt so machen, wie sie ist? Die Menschen haben die Möglichkeit, den Weg zu wählen, den sie gehen wollen und das hat immer Konsequenzen. Gott hat nichts damit zu tun, was die Menschen entscheiden. Die Hoffnung aber, die uns die Bibel gibt, ist: Gott zeigt uns Wege, wie die Welt gut werden kann, so, wie sie sein sollte. Und diese neue Welt wird kommen! Es ist die Welt des ‚Schalom', die Welt des Friedens, der Freude, der Fülle; die Welt, in der das Leben vollkommen ist. Es ist das Reich Gottes, die Königsherrschaft Gottes, um die wir im Vaterunser beten."

„Die Menschen versuchen auf dreierlei Weise, zur Königsherrschaft Gottes zu kommen:

1.) Sie kommt von selbst; wir können nur warten, hoffen und beten.

2.) Wir als Menschen müssen die Königsherrschaft Gottes jetzt aufbauen. Das bedeutete zur Zeit von Jesus: Wir müssen die römischen Besatzer aus dem Land vertreiben. Das versuchten damals die sogenannten ‚Zeloten' mit Gewalt, sie waren die damaligen ‚Terroristen'.

3.) Dies ist der beste Weg: Wir sollen nicht nur warten und wir sollen auch nicht mit Gewalt versuchen, die Königsherrschaft Gottes aufzubauen. Wir sollen uns aktiv vorbereiten auf das Kommen der Königsherrschaft Gottes, und zwar jetzt! Johannes übt scharfe Kritik an seinen Hörern und gibt ganz konkrete Anweisungen: ‚Wer zwei Hemden hat, der gebe dem, der keines hat; und wer Speise hat, der tue ebenso ...'"

„Das konkrete Zeichen, das die Menschen geben, um zu zeigen, dass sie wirklich ihr Leben ändern, ist, dass sie sich taufen lassen. Taufe, das bedeutet abwaschen, sterben unter Wasser und als neuer Mensch herauskommen. Das alles geschah am Ufer des Jordan. Der Jordan markiert in der Geschichte des Alten Testamentes den Eingang in das Heilige Land. Der Jordan als Ort der Taufe will sagen, dass wir uns jetzt entsprechend verhalten werden, um in Gottes Reich hineinzugehen und es kommen zu lassen."

„Was würde Johannes wohl heute zu Politikern sagen, zu Lehrern?" Mit dieser Frage entlässt Bruder John uns in unser Gruppentreffen.

Zunächst beschäftigt uns in unserer Gruppe das Thema Gerechtigkeit. Im heutigen Bibeltext sagt Johannes zu den Soldaten: „Lasst euch genügen an eurem

Sold!" Man soll nicht mehr nehmen als einem zusteht. Dieses Wort wendet sich dagegen, andere auszuplündern. Als negatives Beispiel nennen wir die sogenannten „Briefkastenfirmen", in denen Menschen versuchen, unrechtmäßig erworbenes Geld zu waschen. Des weiteren geht es in unserem Gespräch über das gerechte Behandeln von Menschen mit Behinderungen. Gott hat jeden Menschen so geschaffen wie er ist. Auch Menschen mit Behinderungen sind wertvoll und zeichnen sich durch besondere Fähigkeiten und Begabungen aus.

Park St. Etienne

Beim Mittagessen im Versammlungszelt lerne ich Tobias aus Osnabrück kennen. Er ist Sozialarbeiter und begleitet Menschen mit Behinderungen in den Ersten Arbeitsmarkt. „Dort erfahren sie Wertschätzung ihrer Arbeit", sagt Tobias. „Das ist ein Gewinn nicht nur für die Behinderten, sondern auch für die Firma, die diese Menschen einstellt."

Nach dem Mittagessen begebe ich mich zu meinem Zelt, um ein schönes Mittagsschläfchen zu halten. Die Sonne hat die Luft im Zelt stark erhitzt. Ich öffne beide Eingänge, um Durchzug zu schaffen. So kann ich bei angenehmer Temperatur gut im Zelt schlafen.

Erholt mache ich mich auf den Weg hinunter in den kleinen Park, der sich vor dem Hügel, auf dem Taizé liegt, ausbreitet. Ein Teich ist dort mit einer Brücke darüber, ein Bächlein fließt hinein, der aus einer Quelle gespeist wird, der „Source St. Etienne". Frieden liegt über dem Wasser, den Rasenflächen und dem hellen frischen Grün der großen Bäume. Jugendliche sitzen, sich leise unterhaltend, auf der Brücke oder verteilt auf dem Rasen, schweigend. Der Park ist Ort der Stille und nur am späten Vormittag und am Nachmittag geöffnet. Entlang des Weges, der durch den Park führt, sind 18 Stationen zum Betrachten und Innehalten eingerichtet. Sie zeigen den Weg des Evangeliums, der Tradition des Kreuzweges nachempfunden. Zum Weg Jesu mit dem Kreuz gehören allerdings nur drei Stationen. Der Weg beginnt mit Advent, wie der Engel Gabriel Maria die Geburt ihres Sohnes ankündigt und endet mit der Pfingstgeschichte, als die Jünger vom auferstandenen Jesus die Kraft des Heiligen Geistes empfangen. Einfache Bilder auf Holztafeln, einfarbig hell auf dunklem Grund, geschützt in einem kleinen Holzhäuschen, stellen die Geschichte des Lebens Jesu eindrücklich dar.

Um 17.45 Uhr beginnt in „La Casa" ein Workshop zum Thema „Welcome to refugees", zu dem ich gehe. Ich helfe ja auch Geflüchteten, in Deutschland zurechtzukommen; mal sehen, was andere an anderen Orten tun. Ein Bruder der Kommunität moderiert das Gespräch, das in englischer Sprache geführt wird, und erzählt, dass schon Frère Roger in den 40-er Jahren jüdische Flüchtlinge aufnahm. Bis heute würden Flüchtlinge in Taizé aufgenommen, ohne Bedingungen. Zur Zeit seien Flüchtlinge aus dem Sudan, aus dem Irak, aus Afghanistan und Ruanda bei der Kommunität untergebracht. Die Interessierten, die zu diesem Workshop gekommen sind, stellen sich kurz vor; sie kommen aus den Niederlanden, aus Deutschland, Schweden, Finnland, Frankreich, Großbritannien und Chile. Jugendliche erzählen, was sie mit geflüchteten Jugendlichen unternehmen. Sie gehen mit ihnen ins Kino, zeigen ihnen die Stadt, sie kochen zusammen und füreinander. Manche geben Kindern Hausaufgabenhilfe, andere besuchen kranke Kinder im Krankenhaus. Dabei ist ihre Hilfe für die Geflüchteten keine Einbahnstraße nach dem Motto „Wir helfen euch", sondern, so drückt es ein junges Mädchen aus: „Wir lernen voneinander". Viele der Gesprächsteilnehmer beklagen, dass die Flüchtlinge jahrelang keine Arbeitserlaubnis hätten; die Folge davon sei „creating exclusion", die Flüchtlinge würden aus der Gesellschaft ausgeschlossen. Sie könnten aber durch ihre Arbeit der Gesellschaft einiges geben und das sollten sie tun dürfen.

Das französische Ehepaar, das mir von der Bedeutung der Amsel erzählte, ist auch bei diesem Gespräch dabei. Sie sagen: „Wir sind dankbar dafür, dass es die Communauté de Taizé gibt. Sonst hätten wir in Frankreich keine anderen Sprachen gelernt." So hat sich für diese beiden durch Taizé eine Tür zur Welt geöffnet, eine große Bereicherung für ihr Leben.

Donnerstag, 5. Mai – Christi Himmelfahrt – und doch ist er da und ganz nah

Heute sind besonders viele Menschen in Taizé, natürlich vor allem Jugendliche, die durch den heutigen Feiertag ein verlängertes Wochenende haben, das ihnen die Möglichkeit bietet, Taizé einige Tage lang zu erleben.

Bibeleinführung im Zelt der Erwachsenen

Bruder John nimmt in der heutigen Bibeleinführung das Symbol „Feuer" wieder auf, das schon im brennenden Dornbusch Mose begegnete. Diesmal ist es das Feuer des Heiligen Geistes, angekündigt durch Johannes den Täufer, der auf Jesus hinweist: „... der wird mit dem Heiligen Geist und mit Feuer taufen" (Lukas 3,16). Bruder John sagt dazu:

„Dieses Feuer des Heiligen Geistes ist das Feuer der Liebe Gottes. Gott erscheint dem Menschen nicht als das machtvolle Gegenüber, sondern als der Gott an der Seite der Schwachen, der ihr Elend teilt – der solidarische Gott. Wenn Gott durch Jesus in die Welt kommt, dann muss Jesus ins tiefste Elend gehen. Gott bleibt nicht oben auf dem Berg wie bei Mose. Gott kommt durch Jesus herunter, der sich in die Menge der Menschen einfügt, indem er sich auch taufen lässt wie die anderen".

Nachdem Bruder John noch einmal an das Thema von gestern angeschlossen hat, lesen wir den heutigen Bibeltext: Lukas 7, die Verse 36 bis 50. Diese Zeilen erzählen, wie Jesus in das Haus eines Pharisäers eingeladen ist und dort eine Frau seine Füße mit wertvollem Öl einreibt.

Bruder John erläutert, dass die Pharisäer eine einflussreiche Gruppe von religiösen Laien zur Zeit Jesu waren. „Sie glaubten, dass man etwas dafür tun kann, damit Gottes Königsherrschaft nicht erst in ferner Zukunft, sondern jetzt schon anfängt. Dazu müssten alle, die zum jüdischen Volk gehörten, genau das tun, was in der Thora steht. Sie lebten nach dem Motto: ‚Wenn wir vollkommen so leben, wie Gott es will, dann kommt Gottes Reich.' Die meisten der Pharisäer nahmen das sehr ernst. Es war eine sehr gesetzliche Mentalität", erklärt Bruder John. „Die Pharisäer fühlten sich zu Jesus hingezogen; deshalb hatten sie ihn eingeladen. Als die Frau, eine Prostituierte, einfach zu Jesus geht, weint, ihm die Füße salbt, da sind die Pharisäer schockiert. Eine peinliche Situation während des Essens mit tiefgehenden theologischen Gesprächen. Jesus als Mann, der auch die Gebote Gottes halten will, darf sich doch nicht von einer Sünderin berühren lassen!"

Diese biblische Geschichte berührt uns sehr in unserer anschließenden Gesprächsgruppe. Wir kommen zu dem Schluss, dass Barmherzigkeit mehr ist als bloße Pflichterfüllung. Bei allen Pflichten, die wir zu erfüllen haben und bei allen Pflichten, die wir von anderen erwarten, sollten wir nicht vergessen, dass wir barmherzig mit uns selbst und mit anderen umgehen sollten. Die Liebe darf nicht durch Gesetzlichkeit erdrückt werden.

Auf den Wegen hin und her auf dem Gelände begegne ich immer öfter Menschen, die ich inzwischen kenne, die von der Gesprächsgruppe natürlich von Anfang an, dann diejenigen, die ich beim Essen oder in einem Workshop nach und nach kennen gelernt habe. Ich fühle mich immer mehr zu Hause hier. Jeden Tag treffe ich auch Pater Edward und wir halten immer ein kleines Schwätzchen. Ich meinte vor einigen Tagen zu ihm, wir könnten endlich mal „du" zueinander sagen. Er war anfangs zögerlich, willigte aber ein, aber es fiel ihm schwer, „du" zu mir zu sagen, er fiel immer wieder ins „Sie". Daraus entwickelte sich ein Gespräch über die sprachlich verschieden gehandhabte Nähe und Distanz zwischen Menschen unterschiedlicher Kulturkreise. Pater Edward stammt aus Indien; dort sei die Distanz zwischen den Menschen größer und man benutze eher die Höflichkeitsform. Die Kinder siezen auch ihre Eltern. Es hat gedauert, aber jetzt hat Pater Edward sich daran gewöhnt, zu mir „du" zu sagen, aber mich mit meinem Vornamen anzusprechen, das vermeidet er noch. Heute Abend treffe ich ihn wieder; er ist in Begleitung einiger Jugendlicher aus seiner Gruppe. Edward erzählt mir von einem Problem mit einem Mädchen aus der Firmgruppe. „Sie hat großes Heimweh", berichtet er, „sie fühlt sich richtig krank. Ich habe versucht, sie

abzulenken; wir haben mit allen zusammen Spiele gespielt; gestern haben wir mit der Gruppe einen schönen
Ausflug gemacht, aber das Heimweh ist nur noch
schlimmer geworden." Ich merke, dass Edward sich ein
wenig hilflos fühlt und biete ihm Unterstützung an. „Ich
habe bei Fahrten mit Jugendlichen auch schon oft erlebt, dass jemand Heimweh hat; ich kenne das gut. Ich
könnte versuchen, auch mal mit ihr zu reden." Edward
findet das gut und wir vereinbaren einen Gesprächster-
min morgen Nachmittag. Die Heimwehkranke, die still
dabeisteht, ist einverstanden.

Zum Abendgottesdienst ist die Kirche voll. Alle
Trennwände der großen Halle sind geöffnet. Kein freier
Platz ist zu sehen außer den auf dem Teppichboden
markierten Fluchtwegen, die aus Sicherheitsgründen frei
bleiben müssen. Helfer und Helferinnen gehen durch
die Reihen der auf dem Boden Sitzenden und bitten,
näher zusammenzurücken, damit weitere Menschen, die
in die Kirche drängen, einen Platz finden.

Freitag, 6. Mai – Reden, Hören und Schweigen und Therapie gegen Heimweh

Heute ist Freitag und jeden Freitag wird in Taizé an
den Karfreitag erinnert, an das Leiden und Sterben Jesu
am Kreuz. Deshalb soll heute das Mittagessen in aller
Stille stattfinden.

In der Bibeleinführung erinnert Bruder John noch
einmal an den Bibeltext von gestern, wie eine Sünderin
Jesus die Füße mit Öl einreibt: „Liebe ist die Konse-

quenz der Vergebung. Und auch das Umgekehrte gilt: Vergebung ist die Konsequenz gelebter Liebe."

Der neue Bibelabschnitt für heute ist aus dem Evangelium nach Lukas, Kapitel 23, die Verse 32 bis 49. Der Text erzählt die Kreuzigung Jesu aus der Sichtweise des Lukas. Bruder John lenkt die Aufmerksamkeit der Zuhörenden auf drei Sätze, die Jesus am Kreuz sagt und die nur hier im Lukasevangelium vorkommen:

1.) „Vater, vergib ihnen, denn sie wissen nicht, was sie tun!"

2.) „Wahrlich, ich sage dir: Heute wirst du mit mir im Paradies sein." Jesus sagt diesen Satz zu einem der beiden mitgekreuzigten „Übeltäter" als Antwort auf seine Bitte „Jesus, gedenke an mich, wenn du in dein Reich kommst":

3.) „Vater, ich befehle meinen Geist in deine Hände!"

Bruder John erklärt: „Über dem Kreuz hat man ein Schild angebracht, auf dem steht: ‚Dies ist der Juden König.' Jesus wollte zu Lebzeiten nie als König bezeichnet werden. Ein König ist einer, der Macht hat und Menschen beherrscht. Um seine Macht aufrechtzuerhalten, muss er diejenigen bestrafen, die sich gegen ihn stellen. Anders Jesus: Er vergibt denen, die nicht wissen, was sie tun, denen nicht bewusst ist, dass sie Böses tun. Er vergibt dem Übeltäter, der voller Reue ist. Jesus gibt sein Leben in die Hände eines noch Mächtigeren: in die Hände Gottes, seines Vaters. Und wer ist Gott?" Die Antwort finde ich in der Mittagsandacht: Dort singen wir „Gott ist nur Liebe. Wagt für die Liebe alles zu geben. Gott ist nur Liebe. Gebt euch ohne Furcht."

Das Mittagessen geschieht in aller Stille; keiner spricht am Tisch, umso mehr lächeln alle einander zu. Im Hintergrund spielt leise Musik.

Am Nachmittag kommen Edward und sein Sorgenkind pünktlich zur verabredeten Zeit. Edward übergibt mir die Heimwehkranke und geht dann wieder. Ich gehe mit ihr ins Versammlungszelt der Erwachsenen und wir setzen uns an einen freien Tisch. Sie hat Spiele mitgebracht, Rummikub und ein Krimi-Ratespiel. Sie ist sehr still und ein Gespräch kommt nicht so richtig in Gang. Also spielen wir erst mal. Sie muss mir erklären, wie Rummikub geht. Dabei muss sie reden und taut langsam auf. Sie erzählt dann nach und nach von ihren Eltern, Geschwistern und Haustieren, all das, was sie vermisst. Sie erzählt immer fröhlicher davon. Bei zwei Ratespielen müssen wir viel denken, überlegen und reden und sie fasst immer mehr Vertrauen. So ein schlimmes Heimweh wie in den letzten Tagen hat sie jetzt nicht mehr, aber das rechne ich nicht überwiegend meinem Verdienst zu; es ist der Mithilfe der verstreichenden Zeit zuzuschreiben: Morgen Abend geht es ja schon wieder nach Hause!

Bei Konfirmandenfreizeiten hatte ich es auch einige Male mit Jugendlichen zu tun, die Heimweh hatten. Ich habe immer sofort das Gespräch gesucht, wenn ich merkte, da stimmt etwas nicht, jemand fühlt sich nicht wohl. Dabei habe ich immer gleich das Problem angesprochen, vom Heimweh erzählen lassen ohne davon abzulenken. Ich sage dann auch: „Wenn es morgen nicht besser ist, dann rufe deine Eltern an und lasse dich abholen!" Der Heimwehkranke fühlt sich in seinen Gefühlen verstanden und kann dann dieses Gefühl für sich akzeptieren; dann fängt es an, dass es gar nicht mehr so schlimm ist und er findet es gar nicht mehr notwendig, sich nach Hause abholen zu lassen, sondern kann die Tage, weg von zu Hause, genießen. Die Unterstützung durch Freunde ist dabei sehr hilfreich.

Anschließend an das Abendgebet folgt heute, wie jeden Freitag, als Erinnerung an den Kreuzestod Jesu, das „Gebet vor dem Kreuz". Dazu wird das Taizé-Kreuz in die Mitte des Ganges, in dem die Brüder sitzen, gelegt. Dann können die Gottesdienstteilnehmenden zu diesem Kreuz gehen und vor ihm beten. Dabei werden weiter die Taizé-Gesänge gesungen.

Als ich am Abend noch ein wenig spazieren gehe, mir einen Apfel aus der Restekiste im Versammlungszelt nehme und ihn esse, werde ich von jungen Leuten angesprochen: „Stopp, das Gelände darf nicht mehr verlassen werden!" „Ich will doch nur etwas spazieren gehen." „Nein, das gilt für alle, dass keiner mehr rausgeht. Es soll jetzt ruhig werden auf dem Gelände. Wir sorgen dafür. Wir sind das ‚Night-Welcome-Team.'" Das ist ja ein schöner Name für die Aufgabe, als Aufpasser an den Ausgängen zu sitzen und zur Ruhe zu mahnen. Ich sage: „Ja, da ist manchmal ganz schön viel Krach bei den Jugendlichen. Nicht alle sind wohl aus Überzeugung hier, um die Stille zu suchen." „Da haben Sie Recht," sagt einer aus dem Team, „deshalb sind wir nötig, um für Ruhe zu sorgen." Alle aus dem Team an diesem Ausgang sind Deutsche, die hier in Taizé als „Volonteers" ein Jahr Dienst tun.

Samstag, 7. Mai - Aufbruchstimmung, Abschied, Auftrag

„Vergebung" ist das Thema, das Bruder John heute Morgen in der Bibeleinführung wieder aufnimmt: „Vergebung nach dem Verständnis der Bibel ist etwas, das mit Gott zu tun hat. Menschen können das nicht. Vergebung heißt: Einen neuen Anfang möglich machen. Das kann nur Gott. Gott handelt schöpferisch, er erweckt aus dem Tod und deshalb kann er vergeben. Wir sind eingeladen, in diese seine Vergebung hineinzukommen. Es ist schwer, jemandem zu vergeben, der einen mit Absicht verletzt. Jemandem vergeben, der mir unwissend Böses tut, ist einfacher. Das Gefühl, etwas ist nicht in Ordnung, das Gefühl von Reue, öffnet die Möglichkeit der Vergebung."

Der Bibeltext für heute ist die Apostelgeschichte, Kapitel 1, Verse 1 bis 11, der Bericht von Jesu Himmelfahrt. Bruder John erklärt:

„Lukas konnte mit seiner Darstellung des Lebens Jesu nicht mit der Auferstehung aufhören; er beschreibt, wie es weiter geht mit den Jüngern. Auferstehung bleibt für Lukas nicht allein auf Jesus bezogen, sondern bezieht sich auch auf die Jünger und auch auf uns heute. Jesus ist als der Auferstandene seinen Jüngern immer noch gegenwärtig, jetzt aber auf eine andere Art: durch das Geschenk des Heiligen Geistes."

„Beim Abschiedsmahl vor der Himmelfahrt befiehlt Jesus seinen Jüngern, in Jerusalem zu bleiben und zu warten auf die Ankunft des Heiligen Geistes. Sie fragen Jesus: ‚Herr, wirst du in dieser Zeit wieder aufrichten das Reich für Israel?' (Vers 6). Jesus antwortet nicht direkt: ‚Es gebührt euch nicht, Zeit oder Stunde zu wissen, die der Vater in seiner Macht bestimmt hat'. Er will damit sagen: Mensch sein heißt, in der Zeit zu leben, ohne zu wissen, was in der Zukunft passiert. Dann kommt der positive Teil der Antwort Jesu: ‚aber ihr werdet die Kraft des Heiligen Geistes empfangen, der auf euch kommen wird und werdet meine Zeugen sein in Jerusalem und in ganz Judäa und Samarien und bis an das Ende der Erde.' Jesus will damit sagen: Gottes Reich kommt durch euch!"

„Heute Abend im Abendgebet wird jeder von euch eine Kerze bekommen, ihr werdet das Licht erhalten und es weitergeben, nicht allen, sondern nur einer Person neben euch. Genauso ist es mit dem Reich Gottes: Ihr empfangt mit der Kraft des Heiligen Geistes ein Licht, das ihr an wenige weitergebt und es wird sich ausbreiten."

Ja, das ist unser Auftrag, symbolisiert durch das Licht: Wir geben Hoffnung weiter, setzen uns mit Tatkraft für den Frieden in der Welt ein. Gottes Reich kommt durch uns.

In der anschließenden gewohnten Gesprächsgruppe stellt Joachim staunend fest: „Es wird so viel gedankt in Taizé!" Einen Grund zum Danken nennt die Gruppe besonders: Den Einsatz der Brüder von Taizé für den Frieden in der Welt. Wir tragen eigene Erlebnisse zusammen, in denen wir etwas vom Frieden in der Welt spürten über die Grenzen hinweg: Erfahrene Gastfreundschaft in Polen den Deutschen gegenüber, Besuche ehemaliger deutscher Kriegsgefangener in den Ländern, in denen sie gefangen waren. Mein Vater zum Beispiel hat immer noch Kontakt zu den Menschen – und inzwischen zu deren Nachkommen -, bei denen er vor fast 70 Jahren als Kriegsgefangener lebte und dort in einer großen Gärtnerei arbeiten musste. Zahlreiche Besuche hin und her und unzählige Briefe und Telefongespräche haben die Freundschaft bis heute erhalten und vertieft.

Die Kirche der Versöhnung in Taizé

Heute sind wir das letzte Mal in unserer Gruppe zusammen. Das macht alle etwas wehmütig. Wir sind zu einer Gemeinschaft zusammengewachsen, in der wir voller Vertrauen auch über ganz persönliche Sorgen sprechen konnten. Wir tauschen unsere Kontaktdaten aus und laden uns gegenseitig ein, doch mal zu einem Besuch in den jeweiligen Heimatort zu kommen.

Während des Abendgebetes beginnt, wie jeden Samstagabend in Taizé, die Austeilung des Osterlichtes vorn im Altarraum am Licht der großen Osterkerze. Schnell breitet es sich bis hinten aus, bis jeder der dichtgedrängt auf dem Teppichboden sitzenden, etwa 5000 Menschen, eine brennende Kerze in der Hand hält. So wird jeden Samstagabend eine kleine Osternacht gefeiert und an die Auferstehung Jesu erinnert. Am Schluss des Abendgebetes berichten einige der Brüder vom Pilgerweg des Vertrauens durch Rumänien. Mit Jugendlichen aus ganz Europa waren sie in rumänischen Gastfamilien untergebracht und haben mit ihren Gastgebern die Karwoche und die Osternacht nach orthodoxer Tradition gefeiert. Nach dem Bericht verteilen Kinder aus Syrien und Rumänien Blumen unter den Gästen: Ein Zeichen der Bitte um Frieden in der Welt von Kindern, die aus Armut und Krieg kommen.

Nach dem Abendgebet stehen schon viele Reisebusse auf dem Parkplatz bereit, um einige Jugendgruppen wieder nach Hause zu bringen. Darunter ist auch der Bus aus Hessen, der die Gruppe von Edward aufnimmt. Der Bus wird die Nacht durchfahren, damit alle jungen Leute morgen früh wieder bei ihren Eltern abgeliefert werden können. Dann wird jedes Heimweh restlos geheilt sein. Sehnsucht nach neuen Freunden wird mitgenommen. Überall um den Bus herum spielen sich dramatische Abschiedsszenen ab. Jugendliche liegen sich in den Armen, mit Tränen in den Augen und versprechen einander, sich zu schreiben und zu besuchen. Edward bittet mich vor der Abfahrt, als endlich alle im Bus sitzen, einen Segen zu sprechen, was ich gern tue. Ich steige wieder aus, bleibe ja noch eine Nacht in Taizé;

der Bus setzt sich in Bewegung, ich winke, bis er um die Kurve verschwunden ist.

Ich gehe in die Kirche und sauge die besondere Stimmung noch einmal intensiv in mich auf, um sie nicht zu verlieren, wenn ich morgen wieder abreise. Etwas wehmütig ist mir schon zumute, aber ich will auch weiter. Abschied, der mich ein wenig traurig macht, als würde ich mein Zuhause verlassen und die Sehnsucht nach neuen, weiteren Wegen, beides ist in mir da. Letztlich ist aber das „Weiter" stärker, es geht ja nicht nur auf neue, unbekannte Wege voller Überraschungen, sondern auch wirklich „nach Hause", wo ich wohne, wo meine Frau auf mich wartet. Doch auch dieses Zuhause ist nur eine Station auf dem Weg, sowie alle vorigen „Zuhauses" es auch waren. Wird es ein endgültiges Zuhause geben? Ist der Weg des Lebens irgendwann einmal zu Ende? Bedeutet Auferstehung, dass das Leben als Weg weitergeht? Fragen, die mich bewegen. Spekulationen. Und da ist ja auch noch ganz konkret der Auftrag, das in Taizé empfangene Licht weiterzugeben, für Frieden und Gerechtigkeit zu arbeiten, dort, wo ich meinen Alltag lebe.

Glasfenster in der Kirche der Versöhnung:
das Feuer des Heiligen Geistes

Teil 3: Rückreise bis Konstanz; wieder ist Wasser der Wegweiser

Sonntag, 8. Mai – sechs Engel am Weg, bis auf 780 Meter

Am Morgen gehe ich ein allerletztes Mal in die Kirche der Versöhnung; eine Morgenandacht findet sonntags nicht statt; um 10 Uhr ist Sonntagsgottesdienst. Dann will ich aber schon längst auf meinem Fahrrad sitzen und in Richtung Genf unterwegs sein.

Ich habe es versäumt, mir am Anfang meiner Woche in Taizé einen Wertbon für ein Lunchpaket zu besorgen. Das hätte ich aber heute sehr nötig, weil ich etliche Kilometer mit dem Rad fahren will und dafür Energie brauche; Läden haben heute geschlossen, kaufen kann ich nichts. Mein Zeltnachbar hat Mitleid mit mir. Er ist ja mit dem Auto unterwegs und überlässt mir seinen Wertbon. Das ist der erste Engel, der mir heute weiterhilft. Vielen, vielen Dank!

Bei sonnigem, warmem Wetter – heute radle ich das erste Mal auf dieser Reise mit kurzer Hose – folge ich weiter dem „Voie verte" in Richtung Süden, Richtung Macon. Ich fahre vorbei an Cluny, einem kleinen Ort, der sicher auch einen Besuch wert wäre, denn das dortige Kloster hatte im Mittelalter großen Einfluss in ganz Europa und gestaltete mönchisches und liturgisches Leben entscheidend mit.

Einige Kilometer weiter wird der Radweg von einer dunklen Tunnelöffnung verschluckt. Ein Ehepaar mit zwei Kindern hält davor und alle ziehen sich eine Jacke an. Die junge Mutter sagt mir, es sei sehr kalt im Tunnel, nur ein Grad. Also ziehe ich mir auch meine Jacke über, um die angezeigten zwei Kilometer Tunnel einigermaßen warm zu überstehen und folge der Familie. Der Tunnel ist nur schwach beleuchtet und der Boden sehr feucht und glitschig; ich muss aufpassen. Unbeschadet komme ich am anderen Ende des Tunnels an und ziehe erst einmal wieder meine Jacke aus. Auf Tischen ist am Wegrand ein leckeres Frühstücksbuffet vorbereitet, von einem deutschen Radreise-Veranstalter, wie ich der Aufschrift des dabei parkenden Kleinbusses entnehme. Nach einigen Minuten kommt mir die Radreisegruppe entgegen, auf einem schmalen Weg an einem Bach entlang.

Kurz vor Macon kreuzen sich mehrere Straßen und Radwege und ich finde mich mal wieder nicht zurecht. Wo soll ich weiterfahren? Ich spreche einen Rennradfahrer an, der gerade eine kleine Pause macht. „Fahren Sie mir hinterher", sagt er, „ich will nach Macon". Die Straße führt bergan und ich habe Mühe mitzuhalten mit meinem ganzen Gepäck. Aber der Weg wird wieder eben. In Macon muss mein Wegbegleiter in eine andere Richtung weiterfahren als ich und er erklärt mir sehr genau, wie ich weiterradeln muss in Richtung Bourg-en-Bresse. Wir verabschieden uns und ich finde durch das Städtchen Macon hindurch den Radweg nach Bourg-en-Bresse, ohne dass ich noch einmal jemanden fragen muss. Das war der zweite Engel heute.

Ab Ceyzériat steigt die Straße langsam an und ich

sehe den Höhenzug des „Hohen Jura" vor mir. Der stellt sich mir quer in den Weg und ich muss ihn wohl oder übel überwinden. Ich hätte ihn auch umfahren können, das wäre aber ein Umweg von einer ganzen Tagesetappe geworden. Ich fahre die Autostraße - eine Karte mit Radwegen habe ich für diesen Abschnitt meiner Reise nirgends bekommen können. Der Autoverkehr ist mäßig. Manchmal ist die Straße so steil, dass ich mein Rad schieben muss. Ich schwitze ordentlich und trinke viel, so dass meine Wasserflasche bald leer ist. In einem Dorf bitte ich eine Frau, die gerade vor ihrem Haus die Einkäufe aus dem Kofferraum ihres Autos ins Haus trägt, um Wasser und sie füllt mir die Flasche auf. Engel Nummer drei. In diesem Ort gibt es auch ein Hotel. Vielleicht finde ich dort ein Zimmer, denn es ist schon Zeit, an das Ende der heutigen Etappe zu denken. Das Hotel ist leider geschlossen, also fahre ich weiter. Ein Wegweiser zeigt einen Campingplatz an, der vier Kilometer von meiner Straße entfernt liegt. Das wären acht Kilometer, die ich umsonst fahren würde; ich setze lieber meinen Weg fort in Richtung Genf und hoffe auf eine andere Übernachtungsmöglichkeit direkt an meiner Route.

Ein Hinweis auf eine Pension in Bohas führt mich durch eine schöne Allee mit alten Bäumen, an deren Ende die Ruine eines Schlosses steht. Die Pension befindet sich in einem der drei gepflegten Häuser vor dem Schloss. Ich klingele mehrmals an der Tür, aber niemand macht auf. Kein Mensch ist zu sehen. Ich warte noch einen Moment und lese eine Infotafel, auf der steht, dass das Schloss 1944 von deutschen Soldaten niedergebrannt wurde. Es taucht immer noch kein

Mensch auf. Also kehre ich um und radle auf meiner Straße weiter.

Wieder ist meine Wasserflasche leer und der Durst fängt an, mich zu quälen. Eine menschliche Siedlung gibt es nicht mehr, nur Wald, so weit das Auge reicht, zu beiden Seiten der Straße, die ansteigt, immer steiler wird, so dass ich mein Rad erneut schieben muss. Ich halte Ausschau nach einem Bach mit klarem Wasser neben der Straße. Vielleicht könnte ich an einem Bach nicht nur trinken, sondern auch wild zelten. Als ich ein Bächlein finde, kann ich das Wasser nicht erreichen, weil die Ufer viel zu steil sind und dazu noch mit undurchdringlichem Gestrüpp bewachsen. Also weiter schieben; der Schweiß fließt mir von der Stirn in die brennenden Augen und der Durst wird immer schlimmer. Ab und zu rast ein Auto an mir vorbei. Ich fühle mich am Ende meiner Kräfte; das Limit ist erreicht. Endlich ein Schild: „Col du Berthiand, 780 m". Ich habe die höchste Stelle erreicht! Jetzt geht es bergab! Da stehen die ersten Häuser eines Dorfes. Ich halte und klingele an einer Haustür, um Wasser zu erbitten. Ein freundlicher junger Mann öffnet die Tür, ich trage meinen Wunsch vor. Er geht mit meiner Trinkflasche ins Haus und kommt bald darauf mit der gefüllten wieder zurück. Ich bedanke mich bei meinem Engel Nummer vier. Da kommt aus dem Nachbarhaus ein älterer Mann auf mich zu, der, wie ich bemerkte, schon aus einem Fenster beobachtete, wie ich nach dem Wasser fragte. „Suchen Sie ein Zimmer?" fragt er mich auf Französisch. „Oui" sage ich. „Sie können bei uns übernachten." „Ok, gern". Wie erleichtert ich bin! Es ist inzwischen 20 Uhr geworden und ich weiß nicht, ob ich an diesem Tag noch irgendwo eine Übernachtungsmöglichkeit gefunden hätte.

Der Mann, mein fünfter Engel heute, führt mich und mein Rad durch ein großes Tor in eine Scheune. Dort stelle ich mein Rad ab, nehme die Taschen mit meiner Kleidung und dem Waschzeug und folge dem Mann eine Treppe hinauf in die Küche. Dort ist seine Frau gerade dabei, die zwei Enkelkinder mit Essen zu versorgen. Es sind zwei Jungen, zwei und drei Jahre alt. Die Eltern der beiden sind noch auf der Weide bei den Kühen. Ich bin auf einem Bauernhof gelandet. Die sprachliche Verständigung mit meinen Gastgebern ist schwierig. Ich spreche kaum Französisch, die beiden können ein wenig Englisch und die Frau erinnert sich nach einiger Zeit, dass sie ganz früher in der Schule mal Deutsch gelernt hatte und auf einmal fallen ihr wieder einige deutsche Wörter ein. Nachdem die Kinder satt sind, brät sie mir vom Mittagessen übriggebliebene Nudeln und macht ein Omelette dazu. Köstlich! Das tut gut, denn seit dem Lunchpaket, das ich um 11.30 Uhr gegessen hatte, blieb mein Magen leer. Ich fühle, wie die Kräfte in meinen Körper zurückkehren. Apfelsaft löscht meinen Durst. Die Dame des Hauses ist mein sechster Engel an diesem Tag!

Die Mutter der Enkelkinder kommt und holt sie ab und ich sitze mit den Großeltern allein am Küchentisch. Viel sprechen die Beiden nicht. Es sind stille, einfache Menschen, für die es selbstverständlich ist, einen Radler, der am Ende seiner Kräfte ist, von der Straße zu holen und in der eigenen Wohnung aufzunehmen, um ihm Erholung zu gönnen und ihn wieder aufzupäppeln. Ich bin sehr müde und die beiden zeigen mir mein Bett. Es steht im Zimmer eines ihrer beiden erwachsenen Söhne, der schon vor etlichen Jahren ausgezogen ist. Das Zimmer erinnert noch an seine Jugend. In Vitrinen stehen Siku-Autos, vor allem landwirtschaftliche Fahrzeuge, etwas verstaubt – es wurde schon lange nicht mehr mit ihnen gespielt. An den Wänden hängen Poster, auf denen Motorradfahrer auf ihren Maschinen abgebildet sind. Ich schlafe wunderbar in dem breiten, weichen Bett unter einer wärmenden Decke.

Montag, 9. Mai – Kein Eis mehr aus Sylans

Pünktlich um 7.30 Uhr, wie am Abend vorher vereinbart, erscheine ich zum Frühstück in der Küche. Ich setze mich an den Küchentisch zu einer riesigen Tasse Milch-Kaffee, Brot, Butter und „Fromage Bleu de Bourg-en-Bresse", das ist der Schimmelkäse, der aus dieser Gegend stammt. Er schmeckt mir sehr gut, würzig, nicht ganz so scharf wie Roquefort. Nachdem ich satt bin, zeige ich meinen „Engeln" Fotos von meiner Familie auf meinem Handy. Der Hausherr holt eine Deutschlandkarte und ich zeige, wo ich wohne und wie meine Radreise bisher verlaufen ist. Er interessiert sich sehr für Radsport und erzählt von der Tour de France, die am 17. Juli hier über den Col du Berthiand kommen wird. „Hier gibt es eine Bergwertung der Kategorie zwei." Toll, wenn man direkt neben der Strecke wohnt und dieses Großereignis des internationalen Radsports hautnah miterleben kann!

Ich lege einen Geldschein auf den Tisch, um die Gastgeber für meine Unterkunft zu entschädigen, aber der Hausherr schiebt mir das Geld zurück. Ich war Gast und darf nichts bezahlen. Wir verabschieden uns draußen, nachdem ich das Gepäck am Rad befestigt habe und fotografieren uns gegenseitig zur Erinnerung. Beim

Aufsteigen auf mein Rad sage ich noch: „Vielen, vielen Dank! Sie waren Engel auf meinem Weg!"

Die Straße ist noch etwas nass von einem nächtlichen Regen und die Wolken verziehen sich. Die Straße ist abschüssig. Ich komme gut voran und freue mich über die lieben Menschen, die mich bei sich aufgenommen hatten, bei denen ich mich sicher fühlte und ich durch Speis' und Trank, durch einen erholsamen Schlaf und durch Mitmenschlichkeit gestärkt wurde.

Höchster Punkt über den Hohen Jura: Col du Berthiand

Nach einigen Kilometern flotter Fahrt erreiche ich den See von Nantua. Mitten auf dem Wasser sind junge Menschen mit schnittigen Sport-Ruderbooten unterwegs, wahrscheinlich Schüler, die gerade Sportunterricht haben. Am Ende des Sees liegt die kleine Stadt Nantua. Wie in jeder französischer Stadt, durch die ich kam, fängt auch hier, sobald ich in der Stadt bin, plötzlich ein sehr dichter, belebter Autoverkehr an, als würde man jeden auch noch so kleinen Weg mit dem Auto fahren anstatt ihn zu Fuß zu gehen.

Hinter Nantua steigt der Weg leicht an; ein kleines Stück schiebe ich mein Rad. Ein Lieferwagen hält neben mir. Ein junger Mann lehnt sich heraus und bietet mir an, mich und mein Rad zum nächsten Ort mitfahren zu lassen. Ich lehne dankend ab. Ich mache ja eine Fahrradreise. Außerdem fühle ich mich am Anfang dieses Tages noch sehr fit. Gestern Abend wäre die Versuchung größer gewesen und ich wäre vielleicht eingestiegen.

„GLACIERES DE SYLANS" steht in Großbuchstaben an der Wand einer Ruine eines riesigen Gebäudekomplexes. Nanu, denke ich, Gletscher kann es hier doch gar keine nicht geben, so hoch sind die Berge auch wieder nicht. Infotafeln klären mich auf: In diesen Gebäuden aus sehr dicken Mauern wurde früher Eis eingelagert, das im Winter, wenn der dabeiliegende See von Sylans zugefroren war, zu großen Blöcken geschnitten wurde. In den Gebäuden wurden sie aufgestapelt und lieferten den ganzen Sommer bis zum nächsten Frost Eis. Es gab sogar eine direkte Eisenbahnlinie von dem See von Sylans nach Paris, um die dortigen Cafés mit Eis zu versorgen. Jeden Tag fuhren 20 bis 30 Eisenbahnwaggons, mit jeweils 10 Tonnen Eis beladen, ab. Nicht nur Paris, auch die Städte Lyon, Toulon, Marseille und sogar Algier wurden mit dem natürlichen Eis beliefert. Während des Höhepunktes der Eisproduktion in den achtziger Jahren des 19. Jahrhundert wurden pro Jahr etwa 300.000 Tonnen Eis abgebaut. Mit der Erfindung und dem Gebrauch der elektrischen Kühlgeräte

verloren die Glacieres ihren Sinn und beendeten ihre
Arbeit im Jahr 1925. Jetzt werden die Glacieres nur
noch als Industriedenkmal des 19. Jahrhunderts erhalten.

„Eisfabrik" aus dem 19. Jahrhundert

Eine kleine Pause mache in Léaz. Von einem kleinen Park aus bietet sich eine wunderschöne Aussicht
über das Tal, das die Rhone zwischen den Jura geschnitten hat. Über der engsten Stelle wacht die mächtige
Festung „Fort L' Ecluse", aus dem weißen Kalkstein des
Jura erbaut. Hier konnte früher der Durchgang militä-
risch kontrolliert werden. Vor der Festung überspannt
ein Eisenbahn-Viadukt, von gewaltigen Rundbögen
gestützt, das Tal.

Mitten in dem kleinen Park steht ein Denkmal aus
Stein, das an die gefallenen französischen Soldaten aus
der Gemeinde Longeray erinnert, die durch deutsche

Soldaten am 11. und 13. Juni 1944 gefallen sind. Junge Männer wurden damals aus ihren Familien und aus der Gemeinschaft des Dorfes herausgerissen und ich muss wieder an die Grausamkeit von Kriegen denken.

Gefallenendenkmal in Longeray-Léaz

Weiter geht meine Fahrt bergab in Richtung des Fort d'Ecluse. Unterhalb der Festung öffnet sich eine dunkle Tunneleinfahrt. Donnernd kommen mir Autos entgegen, ihr Lärm wird durch die Tunnelwände vielfach verstärkt. Ich bekomme Angst vor den Autos, die von hinten kommen. Es ist fast vollkommen dunkel im engen Tunnel; den Ausgang nehme ich als kleinen hellen Fleck vor mir wahr. Ich steige ab und schiebe mein Rad, das auf dem nur wenige Zentimeter breiten Fußweg rollt, während ich auf der Fahrbahn gehe. Jetzt kann ich besser nach hinten schauen. Bei jedem Auto, das von hinten herankommt, bleibe ich stehen und drücke mich mit dem Rad möglichst flach an die Tunnelwand. Natürlich trage ich meine Warnweste und habe die Fahrradbeleuchtung eingeschaltet. Ich bin froh, als ich endlich den Tunnel verlasse und mache erst einmal ein kleine Pause in einer Haltebucht und lasse meine Blicke über das Rhonetal unter mir schweifen. Ein Fußweg führt zur Festung, die ich von hier aus aber nicht sehen kann; sie muss sich oberhalb von mir befinden. Als ich dann auf der Straße unten angekommen bin und die Rhone auf einer Brücke überquere, sehe ich die Festung wieder, jetzt von der anderen Seite als vorhin von dem Ort Leáz aus.

Im flachen Tal der Rhone bis Genf komme ich an einigen Reiterhöfen vorbei; auf ausgedehnten Wiesen und Koppeln tummeln sich Pferde. Ein Schild an der Straße weist darauf hin, dass ich die Grenze zur Schweiz überquere.

Als ich das Stadtgebiet von Genf erreiche, nimmt der Autoverkehr stark zu. Ich folge einem rot markierten Radweg, der zunächst noch parallel zur Autostraße verläuft, dann aber plötzlich mitten auf die Straße führt, die inzwischen mehrspurig ist. Ich verliere den Überblick. Gut, dass ich jetzt eine Ampel speziell für Radfahrer vor mir habe, die auf Rot schaltet. So kann ich einen Moment innehalten, um mich zu orientieren, aber die Zeit ist zu kurz, die Ampel wechselt auf grün und ich fahre los. Gleichzeitig fahren aber auch die Autos und kreuzen vor mir sowohl von rechts als auch von links meinen Radweg. Mir bleibt nichts anderes übrig als die Bremsen zu ziehen. Als der Verkehr etwas nachlässt, finde ich eine Gelegenheit, zu Fuß, mein Rad schiebend und mich ständig nach allen Seiten umblickend, diesen Kampfplatz zu verlassen und den sicheren Bürgersteig am Rand der Straße zu erreichen.

Mir ist klar, dass ich, um zum Genfer See zu kommen, nur weiter an der Rhone entlang fahren muss, denn die Rhone fließt ja aus dem See heraus. Und am Ufer des Sees, hinter Genf, ist auf meiner Karte ein Campingplatz eingezeichnet, auf dem ich heute mein Zelt aufschlagen will. Ich fahre und fahre am Fluss entlang und das Ufer des Sees kommt einfach nicht in Sicht. Ich frage eine Joggerin und sie schickt mich zurück. Nanu, denke ich. „Wie heißt dieser Fluss?" frage ich. „Das ist die L'Arve", lautet die Antwort. Eine Karte von dieser Gegend habe ich noch nicht, konnte also nicht wissen, dass in die Rhone, kurz nach ihrem Austritt aus dem Genfer See, die L'Arve in die Rhone mündet. Ich bin dem falschen Fluss gefolgt. Ich kehre also um und gelange über eine Brücke in die Innenstadt von Genf. Hier frage ich mich durch zum Ufer des Genfer Sees. Man spricht französisch und ich habe Verständnisschwierigkeiten. Als ich Menschen vor einem Café Deutsch sprechen höre, frage ich dort nach dem weiteren Weg. Sie sind Deutsche, kennen sich hier aus und geben mir gern Antwort.

An der Uferpromenade führt mich der Weg am See entlang. Vesenaz heißt der Ort, bei dem ich links abbiegen muss und Schilder mit dem Campingplatz-Symbol führen mich. Nach der Abbiegung in Vesenaz fahre und fahre ich, der Campingplatz müsste doch schon längst gekommen sein. Ein Hinweisschild entdecke ich nicht mehr. Im Dorf Hermance halte ich bei einem Ortsplan.

Dort ist ein Campingplatz eingezeichnet. Ich frage einen Passanten und er zeigt mir den kurzen Weg zum Campingplatz.

Am Ende dieses langen Tages bin ich ziemlich hungrig und müde. Nach dem Essen gehe ich früh schlafen. Die ganze Nacht prasselt Regen auf mein Zelt. Morgen will ich Genf erkunden und hoffe, dass es sich bis dahin ausgeregnet hat.

Dienstag, 10. Mai – Genf, protestantisches Zentrum und Hauptstadt des Friedens

Am Morgen regnet es noch weiter und ich koche mal wieder im Vorzelt meinen Kaffee. Als ich losfahre, kommt die Sonne durch. Ich folge dem Weg an der Uferpromenade nun in anderer Richtung als gestern und habe ständig die Stadt vor mir, die allmählich näher kommt. Eine riesige, alles überragende Wasserfontäne vor der Stadt glitzert im Sonnenlicht. Im Hintergrund, ein wenig im Dunst verschwommen, erhebt sich der Höhenzug des Jura, von dem ich gestern herunterkam. An Stegen, die vom Ufer auf den See hinausführen, sind Segelboote festgemacht.

Mein erstes Ziel in der Stadt ist die Gedenkstätte der Reformation. Am Rande des „Parc des Bastions", gegenüber der Universität, steht eine Mauer, geschaffen aus hellem Stein, eingearbeitet in die alte Stadtmauer von Genf. Die Mauer spiegelt sich im Wasser eines Grabens, der vor der Mauer entlang führt. Die lateinischen Wörter POST TENEBRAS LUX sind in großen Buchstaben in die Mauer eingemeißelt. „Nach der Finsternis Licht" bedeuten sie und wollen sagen, dass durch die Reformation Licht in das Glaubensleben der Menschen gekommen ist. In der Mitte der Mauer stehen vier überlebensgroße Statuen nebeneinander, auf einem Sockel erhöht: Ganz links der Schweizer Reformator Johannes Calvin, dann Guillaume Farel, der die Reformation in Genf durchführte, auf ihn folgt Theodore de Bèze, ein aus Frankreich stammender Mitstreiter Calvins und schließlich, ganz rechts, John Knox, ein schottischer Reformator und Mitbegründer der Presbyterianischen Kirchen, der vor der Verfolgung durch die Katholische Kirche nach Genf floh und dort ein Anhänger Calvins wurde.

Reformationsdenkmal im Parc des Bastions

Mehrere Reliefs am unteren Rand des Denkmals stellen Szenen der Einführung der Reformation in einigen europäischen Ländern dar und berichten von der Aufnahme der in Frankreich verfolgten protestantischen

Flüchtlinge. Neben jedem Relief steht eine kleinere Statue einer darin vorkommendenen wichtigen Person. Vor dem Denkmal, weit voneinander entfernt, stehen zwei Blöcke, einander zugewandt, mit den Aufschriften „LUTHER" und „ZWINGLI". Zwei Reformatoren, Martin Luther aus Deutschland und Huldrych Zwingli aus der Schweiz, die beide gegen die Katholische Kirche kämpften, aber doch auch einander unversöhnlich gegenüberstanden und sich wegen ihrer unterschiedlichen Ansichten über die Bedeutung des Abendmahles trennten.

Ich gehe zum Tourismusbüro in der Rue du Mont Blanc, um nach einer Stadtrundfahrt zu fragen. Ja, um 14 Uhr fängt eine an und ich kaufe das Ticket dafür. Bis dahin ist noch etwas Zeit und ich besorge mir etwas zu essen an einem Imbissstand und finde danach in dem kleinen Park „Square de Mont Blanc" eine Bank, auf der ich meinen Kopf ein wenig für ein Schläfchen hängen lasse.

Kurz vor 14 Uhr bin ich am Abfahrtspunkt des Busses in der Rue Bonivard und, nachdem alle eingestiegen sind, die an der Stadtrundfahrt teilnehmen wollen, fährt der Bus pünktlich ab. Es ist nur eine kleine Gruppe von etwas mehr als zehn Personen aus den USA, Großbritannien, Pakistan und ich bin als einziger Deutscher dabei. Der junge Stadtführer stellt sich vor und beginnt die Führung in englischer Sprache: „In der Stadt Genf leben etwa 200.000 Menschen. Hier haben zahlreiche internationale Organisationen ihren Sitz."

Der Bus fährt in nördliche Richtung am „Quai du Mont Blanc" entlang. Der schneebedeckte Berg, den wir zur rechten Seite sehen, ist tatsächlich der Mont Blanc, wie uns der Stadtführer erklärt. „Alle Berge, die Sie von hier aus sehen, gehören nicht zur Schweiz, sondern zu den französischen Alpen."

„Die Grenze zu Frankreich ist nah und viele Menschen wechseln täglich zwischen Frankreich und der Schweiz hin und her. Etliche, die in Genf arbeiten, wohnen in Frankreich und die Schweizer kaufen gern in Frankreich ein, weil dort alles sehr viel billiger ist."

Wir kommen an der katholischen Kirche „Notre Dame" vorbei. „Diese Kirche wurde erst im Jahr 1850 erbaut. Vorher war Genf rein protestantisch. Andere Religionen waren nicht erlaubt. Für die Protestanten, die in katholischen Ländern verfolgt wurden, bot Genf Zuflucht. Deshalb nennt Genf sich auch die ‚city of refuge', die ‚Stadt der Zuflucht'".

Das nächste Gebäude, auf das der Stadtführer zeigt, ist das der ITU, der „International Telecommunications Union". „Diese Einrichtung ist eine Sonderorganisation der Vereinten Nationen und für Informations- und Telekommunikationstechnologien zuständig."

Am Palast der Nationen in der rue de la Paix, der Straße des Friedens, hält der Bus und wir steigen aus. Aus nächster Nähe sehen wir hinter dem Eingangstor die Fahnen der Nationen wehen, die zu den Vereinten Nationen, zur UNO, gehören. Auf der Mauer, die den Palast umgibt, fällt das große Gemälde des Malers Hans Erni auf, der es 1935 im Alter von 100 Jahren geschaffen hat. „Panta Rhei" – „Alles fließt" ist das Thema, das Ernis Bild darstellt. Menschen strecken ihre Hände nach dem Frieden aus und bemühen sich gemeinsam, ihn zu erreichen.

„Panta Rhei" von Hans Erni am UNO-Gebäude

„Genf versteht sich als die Stadt des Friedens", referiert der Stadtführer. „Im Ariana-Park, der den Palast der Nationen umgibt, steht eine Statue von Mahatma Gandhi, ein Geschenk der indischen Regierung, das die Bemühungen um Frieden unterstreichen soll, denn Gandhi erreichte die Freiheit der Inder von der britischen Vorherrschaft allein durch gewaltlose Aktionen und trug so zu einer friedlichen Entwicklung in der Beziehung beider Länder bei."

Über den Place de Nations, der dem UNO-Gebäude gegenüberliegt, laufen lachende, fröhliche Gruppen von Jugendlichen, wahrscheinlich Schüler auf Klassenfahrt, und haben ihren Spaß an den vielen kleinen Springbrunnen auf dem Platz.

„105 Nationen sind in Genf diplomatisch vertreten" erklärt unser Stadtführer. „Dazu kommen die zahlreichen internationalen Organisationen, die sich für den Frieden in der Welt einsetzen und Genf zur Hauptstadt des Friedens machen."

Während der Weiterfahrt mit dem Bus kommen wir am Hotel Intercontinental vorbei und wir erfahren: „Hier fanden Friedensgespräche zwischen US-Präsident Bill Clinton und Kubas Präsident Fidel Castro statt."

Es geht vorbei an der IOM, der Internationalen Organisation für Migration, die für geflüchtete und vertriebene Menschen humanitäre Hilfe leistet. In einem Centre d´Hébergement Collectif können Flüchtlinge untergebracht werden.

Dann folgt das Gebäude der WHO, der Weltgesundheitsorganisation, die gesundheitliche Entwicklungen weltweit beobachtet. Angegliedert ist das Büro von UNAIDS, das ein Programm zur Bekämpfung der Krankheit HIV/AIDS organisiert.

Die ILO, International Labour Organization, die Internationale Arbeitsorganisation, setzt sich für die Förderung von menschenwürdiger Arbeit, Sozialschutz und Stärkung des sozialen Dialogs ein.

Wir passieren den Sitz des Internationalen Kommitees des Roten Kreuzes. Der Genfer Bürger Henri Dunant gründete das Rote Kreuz im Jahr 1863. Das Rote Kreuz hat bis heute die Aufgabe, Verwundeten in Kriegen zu helfen.

Als letzte der internationalen Organisationen bekommt unsere kleine Reisegesellschaft das Haus der WTO, der World Trade Organization (Welt-Handels-Organisation), zu sehen. Die WTO beschäftigt sich mit der Regelung von Handels- und Wirtschaftsbeziehungen mit dem Ziel, den internationalen Handel zu liberalisieren.

Der Bus fährt bis zum Rand der Altstadt und wir steigen um in eine Minibahn, wie es sie in vielen Städten für Stadtführungen gibt, und fahren in Richtung Altstadt. Hier wären wir mit dem großen Bus nicht durch die engen Gassen hindurchgekommen. Zunächst aber gibt es eine Rundfahrt durch den Parc des Bastions, den ich schon kenne. Mir fällt das Standbild vor dem Park auf. Es zeigt den General Guillaume Henri Dufour auf seinem Pferd. Die rechte Hand hat er ein wenig angehoben und es sieht so aus, als würde er den Menschen zuwinken. Als Ingenieur, Kartograf und Humanist hat er viel für die Menschen in der Schweiz gewirkt. Er war einer der Mitbegründer des Internationalen Komitees des Roten Kreuzes. Dankbare Bürger haben ihm das Standbild errichten lassen, um seine vielfältigen Tätigkeiten zu würdigen.

Das Bähnchen rattert in die Altstadt und hält an der Kathedrale St. Pierre und wir steigen aus. Die Fassade mit den Säulen ähnelt einem römischen Tempel. Nach der Reformation wirkte Johannes Calvin 23 Jahre lang in dieser Kirche; sie wurde zum Zentrum der Reformation in der Schweiz. Wir betreten das Gotteshaus. Von innen erscheint es als weiträumiger gotischer Dom. Die schmalen hohen Fenster, die hohen, oben spitz zulaufenden Bögen und die spitzen Gewölbe ziehen die Blicke unweigerlich nach oben. Eine besondere, heilige, irgendwie festliche Atmosphäre lässt alle still werden und staunen über die alte Handwerkskunst, durch die dieser Bau vor etwa 800 Jahren errichtet und im Laufe der Jahrhunderte immer wieder umgebaut und erweitert wurde.

Die nächste Station des Bähnchens ist das alte Rathaus. Hier wurde die erste Genfer Konvention von 1864 unterzeichnet, wie der Stadtführer uns erklärt: „Zwölf Staaten einigten sich, zur ‚Verbesserung des Loses der verwundeten Soldaten im Felde' beizutragen. Die Genfer Konvention bildete die Grundlage des humanitären Völkerrechts. Darin wird der Schutz des Sanitätswesens im Krieg beschlossen. Ein rotes Kreuz auf weißem Grund wird als Schutzzeichen festgelegt. So entstand das Internationale Rote Kreuz."

Wir kriechen wieder in die kleine Bahn und fahren zur längsten Bank der Welt, aus Holz und 120 Meter lang, auf der wir natürlich eine Sitzprobe nehmen und die Aussicht über die Stadt genießen. Wir gehen noch ein Stückchen auf der Promenade de la Treille zum berühmten Kastanienbaum, an dem jedes Jahr, wenn sein erstes Blatt sprießt, offiziell der Beginn des Frühlings in Genf bekanntgegeben wird.

Wie an jeder Station setze ich mich in das Bähnchen neben einen Touristen aus Pakistan, mit dem ich ein wenig ins Gespräch gekommen bin, auf Englisch. Bei jeder Sehenswürdigkeit bat er mich, ein Foto mit ihm daneben oder davor zu machen. Diesen Wunsch habe ich ihm gern erfüllt.

Die längste Bank der Welt

Nachdem wir wieder am Anfangspunkt unserer Rundfahrt angekommen sind, kaufe ich für mein Abendessen ein und suche mein Fahrrad, an dessen Abstellort ich mich nicht mehr so richtig erinnern kann. Nach einigen Runden um die St.-Magdalenenkirche finde ich es endlich und fahre am See entlang zurück zum Campingplatz in Hermance.

Am Abend treffen sich Taucher mit ihren vielfältigen Ausrüstungsgegenständen am Campingplatzgebäude. Als ich an den Strand gehe, um zu sehen, wie die Sonne hinter dem gegenüberliegenden Ufer des Genfer Sees untergeht, kommen auch die Taucher. Nachdem sie sich gegenseitig geholfen haben, ihre Ausrüstung anzulegen und alles auf sichere Funktion geprüft haben, gehen sie langsam ins Wasser und verschwinden unter der Oberfläche, die wie Gold schimmert im Licht der untergehenden Sonne. Ein schöner, sonniger Tag mit

108

vorsommerlichen Temperaturen geht zu Ende. Ich gehe noch ein Gläschen Rotwein in der Campingplatzgaststätte trinken und schreibe die vielen Eindrücke von heute in mein Tagebuch.

Abend am Genfer See bei Hermance

Mittwoch, 11. Mai – Über den Genfer See und auf die Mittellandroute

In der Nacht fängt es an zu regnen und hört auch am Morgen nicht auf. Mal wieder koche ich meinen Kaffee unter dem Zeltvordach. Im Regen fahre ich los; den ganzen Tag soll es regnerisch bleiben. Der nächste Ort nach Hermance, das noch zum Großraum Genf gehört, ist wieder französisch. Der Radweg am Südufer des Genfer See führt nie direkt am Wasser entlang, weil dort Privatgrundstücke liegen und das Ufer nicht für die Öffentlichkeit zugänglich ist. Der Weg verläuft einige hundert Meter parallel zum Ufer über etliche Hügel. Die Hügel sind klein, aber steil, so dass ich öfter mein Rad eine nur kurze Strecke bergauf schieben muss.

Das mittelalterliche Yvoire

In Yvoire, auch zu Frankreich gehörend, steige ich vom Rad und schaue mir dieses bemerkenswerte Dorf an. Ich komme mir vor wie im Mittelalter, als ich durch die engen Straßen schreite. Die Häuser sind aus den Steinen der Umgebung gebaut und mit Kletterpflanzen bewachsen, Efeu und Blauregen. Die dicken Mauern und kleinen Fenster mit massiven hölzernen Fensterläden versprechen den Bewohnern Schutz. Manche Ladenbesitzer sind in historische Gewänder gekleidet. Die Häuser grenzen an das Ufer des Sees; dort liegen kleine Fischerboote auf dem Strand. Über allem wacht eine mächtige viereckige Burg mit vier kleinen Türmchen an den oberen Ecken. Ich fühle mich um Jahrhunderte zurückversetzt. Ein durchfahrendes Auto holt mich schnell in die Gegenwart zurück.

In Thonon will ich das Schiff nehmen, das um 13.35 Uhr nach Lausanne fährt. Ich habe es mir im Internet ausgesucht. Als ich im Hafen ankomme und den Fahrplan studiere, lese ich, dass von diesem Schiff keine Fahrräder mitgenommen werden. So ein Ärger! Bis Lausanne müsste ich den halben See umrunden, das sind etwa 65 Kilometer, fast eine Tagesetappe. Also fahre ich weiter. In Evian befindet sich der nächste Fährhafen. Der Fahrplan sagt mir, dass von hier um 13.15 Uhr eine Fähre nach Lausanne abfährt – mit Fahrrädern! In nur einer halben Stunde ist es soweit! Ich kaufe mir am Schalter das Ticket für mich und mein Fahrrad.

Während der halbstündigen Fahrt nach Lausanne fühle ich mich wie auf hoher See, wenn ich nach rechts oder links sehe. Am Horizont verschmelzen Wasserfläche und Himmel im Nebel. Nur vor oder hinter mir sehe ich - schemenhaft im Nieselregen - die Hügel und die Häuser am Ufer. Das französische Evian verschwindet langsam im Dunst, während das schweizerische Lausanne immer deutlicher sichtbar wird.

Nach Verlassen des Schiffes fahre ich an der Uferpromenade entlang zwischen vielen Rabenkrähen hindurch, die hier zwischen den Füßen der Menschen herumlaufen wie in anderen Städten die Tauben. Ich passiere einen Platz, auf dem ein Jahrmarkt mit zahlreichen Ständen und Fahrgeschäften aufgebaut ist; er ist noch nicht in Betrieb, wahrscheinlich wird am Pfingstwochenende ein großes Fest in Lausanne stattfinden.

Ich fange an, mich nach einem Campingplatz um-
zusehen. Zwei auf meiner Karte eingezeichnete Campingplätze scheint es nicht mehr zu geben. In Préveren-
ges spreche ich auf Englisch eine Frau an, die gerade aus
ihrem Auto steigt, um ihre Einkäufe und ihre zwei Kinder ins Haus zu bringen. Sie kennt einen Campingplatz
in Morges. Ich bedanke mich und sage „Good buye!"
Die Kinder, die dem Gespräch aufmerksam zugehört
hatten, wiederholen mehrmals: „Good buye! Good
buye!"

Ich überlege: Morges liegt mir etwas zu weit west-
lich von meiner geplanten Route, die mich möglichst
direkt zum Neuenburger See führen soll. Ich studiere
sorgfältig eine Karte, die auf einem Schild an einer Bushaltestelle angebracht ist und die Radwanderwege der
Umgebung zeigt. Ich entdecke den Hauptradweg
Nummer 5, die Mittellandroute, die mich nach Yverdon
am Neuenburger See bringen soll. Ich mache ein Foto
von der Karte, die wesentlich genauer ist als meine
Radwanderkarte der gesamten Schweiz, aber nicht den
Campingplatz eingezeichnet hat, der auf meiner Karte
durch ein Symbol markiert ist, im kleinen Ort Penthalaz,
das genau auf der Route nach Yverdon liegt. Das Ziel
der heutigen Etappe liegt also fest und das beflügelt
mich. Der Weg mit der „5" ist sehr gut ausgeschildert.
Nur an einer Stelle lande ich in einer Sackgasse und
frage einen jungen Mann, der an einer Bushaltestelle auf
seinen Bus wartet, nach dem Weg nach Yverdon.
„Yverdon? Da nehmen Sie am besten den Zug!" Er
kann sich nicht vorstellen, dass man so weit mit dem
Rad fahren könnte. Die Richtung gibt er mir nur vage
mit einer Handbewegung an. Ich fahre wieder zu der
Stelle, an der ich in die Sackgasse fuhr und sehe, wie

undeutlich der Wegweiser hier die Richtung anzeigt. Ich finde den richtigen Weg und den nächsten Wegweiser, der mich über weite Felder und durch kleine Wälder führt.

An einer Wiese, auf der Kühe weiden, halte ich kurz an, um den weiteren Weg auf meiner Karte genau anzusehen. Ein Elektrozaun hält die Kühe zusammen. Zwei Autos kommen und halten vor der Kuhweide. Menschen, wahrscheinlich die Besitzer der Kühe, steigen aus, öffnen Elektrozäune und treiben die Kühe mit laut gerufenem „Allez Hopp!" auf eine benachbarte Wiese mit frischem Gras. Als ich weiterfahre, höre ich noch nach Hunderten von Metern Entfernung die Allez-Hopp-Rufe.

Beim Campingplatz in Penthalaz ist die Anmeldung geschlossen. Ich rufe die Nummer des Platzwartes an, die auf einem Aushang notiert ist. Er meldet sich und ich frage nach einem Platz zum Übernachten. „Complet!" antwortet er mir, alles belegt, kein Platz mehr frei. Ich sage, dass ich mit dem Fahrrad unterwegs bin, nur ein kleines Zelt habe und nur eine Nacht bleiben will. Er lässt sich erweichen und sagt, er komme sofort. Als er da ist, weist er mir einen Platz an, von dem er mit mir zusammen noch ein großes Trampolin zur Seite rücken muss. Ich bezahle die geforderte Miete und baue mein Zelt auf; einige der Bewohner des Campingplatzes stehen um mich herum und schauen mir zu. Ich habe den Eindruck, dass hier keine Urlauber die Ferien verbringen und nur kurz bleiben, sondern dass die Menschen hier in ihren Wohnwagen immer wohnen. Kleine Gärtchen drum herum weisen darauf hin. Mein

Nachbar grüßt mich jedes Mal freundlich, wenn ich an seinem Wohnwagen vorbeikomme.

Donnerstag, 12. Mai – Gewaltlose Pädagogik in Yverdon und Naturschutzgebiet

In der Nacht regnet es viel und es gibt einige Gewitter. Am Morgen ist schon früh geschäftiges Treiben auf dem Campingplatz. Viele Menschen machen sich fertig, um zur Arbeit zu gehen und die Kinder in die Schule zu bringen.

Ich folge weiter dem Radweg Nummer 5, der, wie gewohnt, sehr gut ausgeschildert ist. Mit Rückenwind komme ich gut voran. Ob Berge rechts und links von meinem Weg liegen, weiß ich nicht, da sehe ich nur schwarze, tief hängende Wolken. Ab und zu gibt es einen Regenschauer.

Am Weg steht eine Infotafel, die von einem Projekt berichtet: Hier soll ein geplanter Kanal durchlaufen, der den Genfer See mit dem Neuenburger See verbindet und mit nur drei Schleusen eine Höhe von 57 Metern zu überwinden hätte, der „Canal d'Entreroches". Damit wäre eine weitere Wasserstraße geschaffen, die den Rhein mit der Rhone, die Nordsee mit dem Mittelmeer, verbindet. Zusätzlich könnte man das Gefälle für die Stromerzeugung nutzen und die Überschwemmungsgefahr im Mittelland eindämmen, wirbt die Infoschrift. Bereits im Jahr 1638 hatte man begonnen, einen Kanal anzulegen. Das Projekt wurde nicht beendet und im Laufe der weiteren Jahrhunderte immer mal neu aufgegriffen und mit neuen Ideen und Plänen wiederbelebt, aber der Kanal wurde bis heute nie zu Ende geführt. Es stellten sich jedes Mal neue, nicht vorhersehbare, unüberwindliche Schwierigkeiten in den Weg.

Weiter geht es auf geraden, asphaltierten Radwegen zwischen gelb blühenden Rapsfeldern, Kornfeldern und Gemüseanbauflächen, die teilweise auf schwarzem Torfboden trockengelegter Moore angelegt sind. Manchmal steht ein kleiner, aber steiler Hügel im Weg, den ich ein kurzes Stück mein Fahrrad hinaufschieben muss.

In Yverdon mache ich die erste Pause und bummle ein wenig auf dem großen Platz in der Mitte der Altstadt umher. Das Schloss von Yverdon beherrscht mit seinen vier mächtigen runden Türmen den Platz. Ein Denkmal am Rande des Platzes zeigt als Bronzestatue den Pädagogen Johann Heinrich Pestalozzi mit zwei Kindern, einem Mädchen und einem Jungen, die sich vertrauensvoll an ihn lehnen und denen er etwas beibringt, auf eine liebevolle Art, wie es die weisende Geste der rechten Hand zum Ausdruck bringt und der linke Arm, mit dem er den Jungen um die Schulter fasst.

Pestalozzi lebte von 1747 bis 1827 und war von 1804 bis 1825 als Lehrer in seinem Lehrinstitut im Schloss Yverdon tätig. Seine Pädagogik war frei von Gewalt. Seine Schüler übten sich darin, auch allein und in kleinen Gruppen zu lernen. Die jungen Menschen kamen aus allen Bildungsschichten mit den unterschiedlichsten Begabungen. Nicht nur das Lernen mit dem Kopf war Pestalozzi wichtig, auch auf die Ausbildung der handwerklichen Fähigkeiten legte er großen Wert.

Gewaltfreie Pädagogik setzte sich an Deutschlands Schulen erst nach dem Zweiten Weltkrieg durch. „Schwarze Pädagogik", also Erziehung durch Androhung und Ausübung von Gewalt gegen Kinder und Jugendliche bestand in Erziehungsheimen und in vielen Familien noch Jahrzehnte nach dem Krieg weiter fort. Erst in der Gegenwart wird das „Kindeswohl" in den Mittelpunkt des Umgangs mit Kindern gestellt und vom Gesetz geschützt.

Im Park am Rande von Yverdon setze ich mich einen Moment auf eine Bank mit Blick auf den Neuenburger See. Ein Vogel flötet über mir in einem Ast und ich erkenne den Gesang des Pirols. In einem Park hört man einen Pirol normalerweise nicht, eher im tiefen Wald, so dass ich mich ein wenig wundere. Als ich nach oben schaue, sehe ich den Sänger dort sitzen. Es ist jedoch nicht der leuchtend gelbe Pirol, sondern ein Star, der beim Flöten mit seinen angewinkelten Flügeln flattert. Er imitiert perfekt den Gesang des Pirols!

Bei der Weiterfahrt am Südufer des Neuenburger Sees komme ich am Naturschutzgebiet „Grande Cariçaie" entlang; es ist das größte Feuchtlandschaft-Schutzgebiet der Schweiz. Von der Straße aus führen kleine Rad- und Fußwege durch das Schilfgebiet an den See. Ich fahre in einen hinein bis an das Ufer. Kormorane sitzen auf Pfählen; sie breiten ihre Flügel zum Trocknen aus und recken ihre Schnäbel in die Höhe. Wie Kreuze stehen sie über dem Wasser. Fast den ganzen See entlang erstreckt sich das Naturschutzgebiet, unterbrochen nur von einigen Wochenend- und Ferienhaussiedlungen.

Es regnet mittlerweile in Strömen, als ich Erlach am Bieler See erreiche. Auf dem Campingplatz darf ich mir einen Platz für mein Zelt aussuchen und die zwei netten jungen Damen in der Rezeption händigen mir ein Schild mit einer Nummer aus, das ich am Zelt befestigen soll. Sie sprechen Deutsch! Ich habe das deutsche Sprachgebiet erreicht; von jetzt ab kann ich mich wieder problemlos verständigen.

Im Regen baue ich mein Zelt auf. Im Sanitärgebäude entdecke ich eine Waschmaschine und einen Wäschetrockner. Das nutze ich aus, wasche meine Wäsche in der Maschine und stopfe sie danach in den Trockner. Die Geräte wollen Münzen, damit sie ihre Arbeit tun. In den Trockner muss ich immer wieder mal ein paar Rappen nachstecken, wenn die Wäsche noch nicht ganz trocken ist und der Trockner weiterarbeiten muss. Unter meinem Zeltvordach koche ich mir mein Abendessen, sorgfältig darauf bedacht, dass die Flamme des Kochers dem brennbaren Zeltstoff nicht zu nahe kommt.

Freitag, 13. Mai – Der Weg ist nicht das Ziel, erst recht nicht bei Dauerregen

Die ganze Nacht regnet es weiter und bei Regen beginnt meine heutige Etappe. Orientierung finde ich zunächst weiterhin durch die Wegweiser mit der Nummer 5 bis Hagneck, wo ich in die Aare-Route einsteige, die mit der Nummer 8 gekennzeichnet ist. Bei Hagneck fließt die Aare, begradigt zum Aare-Hagneck-Kanal, über das Stauwerk eines Elektrizitätswerkes in den Bieler See. Am Ostufer des Sees radle ich weiter in Richtung Norden nach Biel, wo die Aare den See wieder verlässt und sich in östliche Richtung wendet.

In Büren führt der Radweg am Schwimmbad vorbei und ich sehe ein Plakat: „Schwimmbadfest". Ein Festzelt ist vor dem Bad aufgebaut, dort gibt es ein leckeres Menü mit Hackbraten zu einem geringen Preis zu essen. Es ist gerade Mittagszeit und ich habe Hunger. Also halte ich und betrete das Zelt, in das ein Schild mit der Aufschrift „Offen" einlädt. Kein Mensch ist zu sehen, nur leere Tische und Bänke. Im angrenzenden Gebäude machen sich einige Frauen und Männer zu schaffen. Ich gehe hin und werfe einen Blick in eine große Küche. Ein leckerer Duft schlägt mir entgegen und ich bestelle ein Mittagessen und einen Tee. Ich suche mir einen Platz und bekomme meinen Tee, den ich zum Aufwärmen brauche, denn es ist sehr kühl; das merke ich jetzt besonders, nachdem die Wärme im Körper, die noch von der Anstrengung des Radfahrens da war, nachlässt. Nach einiger Zeit kommt mein Essen. Sehr lecker! Hackbraten, Kartoffeln, Gemüse, Salat. Ich lasse mir Zeit beim Essen, bestelle noch einen Tee. Der Regen prasselt auf das Zeltdach. Immer noch bin ich der einzige Gast. Es ist wirklich ein schlechter Tag heute, um die Saisoneröffnung des Freibades zu feiern. Vielleicht kommen am Nachmittag noch Leute und essen von dem schmackhaften Hackbraten. Die Leute haben sich sehr viel Mühe gegeben, das Fest auszurichten, da wäre es schade, wenn es ganz und gar ins Wasser fiele.

Mir fallen Gedanken zu meiner Reise ein. Mir kommt der Satz „Der Weg ist das Ziel" in den Sinn. Ein beliebter Spruch für Menschen, die gern reisen. Ich kann mit diesen Worten nichts anfangen. Wege führen immer zu Zielen. Wenn der Weg das Ziel wäre, dann wäre ich ja jetzt schon angekommen, aber wo? Aber ich bin ja noch unterwegs! Der Weg selbst kann nie das Ziel sein, denn auf dem Weg sein heißt: in Bewegung sein, weiterkommen, vorwärtskommen. Ein großes Ziel hatte ich mir für diese Reise vorgenommen: Eine Woche in Taizé zu verbringen. Dieses Ziel habe ich erreicht durch viele kleine Etappenziele. Jetzt liegt dieses Ziel hinter mir und weitere Teilziele liegen vor mir bis zum nächsten großen Ziel: Wieder zu Hause sein! Bis dahin habe ich noch einige kleine Teilziele zu erreichen. Und auch „zu Hause" ist nur ein Etappenziel auf meinem Lebensweg, meinem Weg zum Leben. Leben ist Weg. Weg ist Leben. „El camino es la misma vida", diesen Spruch, auf einen Stein am Wegrand geschrieben, schickte mir meine Schwester, als sie auf dem Jakobsweg pilgerte. Auf Deutsch würde dieser Satz bedeuten: „Der Weg ist das Leben selbst." Ja, der kleine Weg, den ein Mensch geht, bildet den ganzen Lebensweg ab. Jedes Ziel braucht einen Weg. Dabei kann der Weg nicht schon das Ziel sein. Am Ziel ist der Weg erst einmal zu Ende. Sackgasse? Oder geht es weiter? Nach einer Zeit des Ausruhens und des Kräfte Sammelns geht es weiter. Das Ziel war nur ein Teilziel und neue Ziele liegen vor einem. Ein Ziel ist nur eine Station. Was wird am Ende des Lebens sein? Ist der Tod das Ziel? Ist der Tod auch wieder nur ein Teilziel und der Anfang eines neuen Weges steht bevor, der Anfang eines neuen Weges zum Leben? Ewiges Leben kann ich mir auch nur als Unterwegssein vorstellen, weil Leben immer ein Weg ist, ein Weg zu einem immer vollkommeneren und reicheren Leben: „Du, Gott, zeigst mir den Weg zum Leben."

Ich trinke den letzten Schluck von meinem Tee, der schon fast ganz kalt geworden ist, packe meinen Stift und mein Tagebuch ein, steige wieder auf mein Rad und lasse das kleine überraschende Teilziel Bürener Schwimmbad und das „Schwimmbadfest" hinter mir. Mal sehen, welche weiteren überraschenden Stationen sich mir noch in den Weg stellen werden

Der Regen wird immer stärker. Rechts und links meines Weges ziehen Kartoffeläcker an mir vorbei; die schon ziemlich großen Pflanzen sind teilweise noch mit einem Tuch bedeckt, wahrscheinlich zum Schutz gegen den Frost, der ja auch vor zwei bis drei Wochen gekommen war.

Eine Kaffeepause lege ich ein in einem kleinen Café an der Aare in Solothurn. Dann geht es wieder hinaus in den Regen. In Aarburg beschließe ich, für heute Schluss zu machen. Es ist auch schon 17.30 Uhr. Ich spreche eine Passantin an und frage sie nach Zimmern in der Nähe. Sie empfiehlt mir den Gasthof „Bären". Den finde ich schon bald und bekomme das Zimmer Nummer neun. „Es liegt im zweiten Stock", sagt mir die Hotelangestellte, bei der ich eincheckhe. Im zweiten Stock finde ich das Zimmer jedoch nicht und suche weiter eine Treppe höher. Und siehe da: Es liegt im dritten Stock!

Samstag, 14. Mai – Aprilwetter und wieder am Rhein

Altstadt von Aarburg

Am Morgen scheint die Sonne! Die Altstadt von Aarburg leuchtet mir freundlich entgegen. Auf einem Berg in der Mitte thronen die Burg und die Kirche; politische und geistliche Macht herrschten einst vereint über die Menschen unter sich.

In einem Fahrradgeschäft kaufe ich mir neue Bremsschuhe für mein Rad; die alten sind fast ganz heruntergeschliffen. Beim Blick von der Brücke auf die Aare sehe ich mehrere Gänsesäger im Wasser schwimmen. Diese entenähnlichen Vögel kenne ich eigentlich nur von der Ostsee und staune darüber, sie hier in der Schweiz zu finden.

Während der Weiterfahrt bewölkt sich der Himmel wieder zusehends und durch dunkles Grollen kündigt sich ein Gewitter an. Kurz vor einem heftigen Regenguss steht eine Schutzhütte am Weg und ich flüchte mich mit meinem Rad hinein. Tisch und Bänke stehen darin. Weil es sowieso Zeit zum Mittagessen ist, packe ich meine Vorräte aus und decke den Tisch: Knäckebrot, ein hart gekochtes Ei, das ich mir gestern Morgen in meinem Zelt gekocht hatte, Schmelzkäse, Butter, getrocknete Pflaumen und Wasser geben ein Mittagessen, das mich satt macht. Nach dem Essen hat der Regen aufgehört und weiter geht es an der Aare entlang. Der Wasserspiegel des Flusses ist manchmal nicht wesentlich niedriger als der Radweg. Das Wasser ist gelblich-braun gefärbt von all den Einschwemmungen durch den Regen. Und da passiert es: Etwa 20 Meter des Radweges vor mir stehen unter Wasser. Ich fahre bis zur Hälfte hindurch, dann lande ich mit dem rechten Fuß im Wasser. Vom Grasstreifen des Hanges links vom Radweg aus schiebe ich das Rad durch das Wasser, ohne dass meine Füße noch nasser werden.

Als ich in Brugg bin, blitzt und donnert es schon wieder und ich finde Schutz in einem Supermarkt, wo ich gleich für das Abendessen einkaufe. Beim Hinausgehen spricht mich ein Mann an, betrachtet mein Rad mit dem Gepäck und erzählt, er habe auch gerade eine Radreise gemacht. „Ich bin bis ans Mittelmeer gefahren. Dort hatte ich nur Sonne!" sagt er. Es regnet immer noch und ich setze mich in ein Café, stärke mich mit Kaffee und Kuchen und schreibe Whatsapps an meine Familie.

Der Regen hört auf, die Sonne kommt heraus, und ich setze meine Fahrt fort. Im Döttinger Schilf, einem großen Feuchtgebiet, das durch das Aufstauen der Aare entstanden ist, stehen mehrere Hobbyornithologen und suchen mit Ferngläsern und Spektiven die Wasserflächen zwischen dem Schilf ab. Ich stoppe und frage einen Vogelbeobachter, was er sieht. „Dort hinten, links neben den Stockenten, schwimmen fünf Knutts. Sie sehen rötlich aus." Inzwischen habe ich mein kleines Fernglas aus der Lenkertasche herausgezogen und entdecke die Knutts auch. Das letzte Mal hatte ich Schwärme mit Tausenden dieser Vögel im Wattenmeer bei der Insel Amrum während eines Sommerurlaubes gesehen. Der Vogelkundler berichtet von seinem letzten Urlaub in Deutschland, im Bodden an der Ostsee in Mecklenburg-Vorpommern, und seinen vielen interessanten Vogelbeobachtungen. Ich hätte mich gern noch länger mit ihm unterhalten, aber er muss weiter, hat noch einen Termin.

Im zur Schweiz gehörenden Ort Koblenz, nicht zu verwechseln mit dem deutschen Koblenz, das weiter im Norden am Mittel-Rhein liegt, endet die Aare und mündet in den Rhein. Der Radweg „Velo 8" durch die Schweiz ist zu Ende. Er war perfekt ausgeschildert; ich hätte die Karte gar nicht gebraucht. Ich überquere den Rhein auf einer Brücke und befinde mich wieder auf deutschem Boden. In Küssaberg gibt es einen schönen kleinen Campingplatz nahe am Rhein und ich melde mich an. Ich will gleich alle Formalitäten erledigen, da sagt die Platzwartin zu mir: „Machen Sie das später. Bauen Sie erst mal schnell Ihr Zelt auf, denn dort kommen schwarze Wolken an; es wird gleich regnen!" Kaum habe ich das Zelt aufgeschlagen und mein Gepäck hineingestellt, kommt tatsächlich wieder ein heftiger Regenguss, der aber nicht sofort wieder aufhört, sondern sich in einen länger anhaltenden, strömenden Regen weiterentwickelt.

Es kommen weitere Radreisende an: Ein Pärchen baut ein kleines Zelt neben meinem auf. Schnell entwickelt sich ein Gespräch auf Englisch mit der jungen Frau und dem jungen Mann. Beide kommen aus Frankreich, aus der Normandie. Sie sind schon eine Woche länger mit dem Rad unterwegs als ich. Sie folgen dem EuroVelo 6 und wollen ihn bis zum Endpunkt fahren, bis an das Schwarze Meer in Rumänien. Sie haben sich für ihre Reise eine Auszeit von sechs Monaten genommen, um danach einen Bauernhof in der Normandie zu übernehmen.

Der Regen hört auf und ich kümmere mich um mein Rad. Ich entferne den gröbsten Dreck, öle die Kette und montiere die neuen Bremsschuhe.

Sonntag, 15. Mai – Rheinfall und Rhein-Schifffahrt

Die französischen Nachbarn stecken noch in ihrem Zelt, als ich abfahre. Es ist sehr kühl. Ab und zu wagt sich die Sonne hervor und wärmt etwas. Meine vom Vortag noch feuchten Schuhe schaffen mir kalte Füße. Der Radweg führt am rechten Ufer des Rheins entlang. Die Grenze zwischen der Schweiz und der Bundesrepublik Deutschland verläuft so, dass die Orte, durch die ich komme, mal deutsch, mal schweizerisch sind: Küssaberg und Hohentengen sind auf deutschem Gebiet, dann folgt Eglisau auf Schweizer Territorium, Jestetten in Deutschland und Schaffhausen wieder in der Schweiz. In manchen Orten gibt es heute ein Weinfest. Lange Tischreihen draußen sind festlich geschmückt. Aber es sind keine Menschen da; es ist noch zu kalt, um im Freien zu sitzen.

Kurz vor Schaffhausen stürzt der Rhein mit Getöse über eine hohe Felskante im Flussbett: Der Rheinfall! Ich parke mein Fahrrad und sehe mir das imposante Schauspiel an. Viele Menschen stehen dort und staunen über die Kraft des schäumenden Wassers. Ein großer Teil der Touristen kommt, dem äußeren Erscheinungsbild nach, aus Indien. Ich biete einem Inder an, von ihm und seiner Familie ein Foto mit dem Wasserfall zu schießen. Er freut sich über das Angebot und nach dem Foto bitte ich ihn, mich mit dem Rheinfall zu fotografieren. Auf meine Frage in englischer Sprache, woher er sei, antwortet er tatsächlich: „Aus Indien". Ich frage ihn, warum eigentlich so viele Touristen aus Indien an den Wasserfall vom Rhein reisen. Ich vermute, dass dieser Wasserfall irgendeinen besonderen symbolischen Wert oder eine heilige oder magische Bedeutung gerade für Inder hat, aber die Antwort des Befragten ist einfach: „Weil es hier so schön ist".

Ich erfreue mich noch eine Viertelstunde an der Schönheit dieses Ortes, schreibe von hier eine Ansichtskarte an meinen Vater und radle weiter nach Schaffhausen. Dort liegt ein Schiff an der Anlegestelle, einladend anzusehen, und ich frage einen der Matrosen: „Wann fahren Sie ab?" „Um zehn nach" lautet die Antwort. Ich blicke auf meine Uhr. Es ist fünf nach eins; das Schiff legt also in fünf Minuten ab. Kurz entschlossen steige ich ein und löse ein „Billett" bis Stein am Rhein; in zwei Stunden soll es dort ankommen. Mein Rad stelle ich zu vielen anderen auf das Vorderdeck des Schiffes. Hier weht der Fahrtwind recht kühl und ich suche mir einen Sitzplatz im warmen Inneren des Schiffes, neben dem Fenster. Bei der Bedienung bestelle ich einen Kaffee.

Mir gegenüber sitzt eine alte Frau, etwa 85 Jahre alt, sehr korpulent, adrett gekleidet, weiße Haare. Ich versuche mit ihr ein Gespräch zu beginnen und frage sie: „Wohin fahren Sie?" „Weiß ich nicht", antwortet sie, „vielleicht nach ... oder ...." und sie nennt die Namen einiger Orte, die ich mir so schnell nicht merken kann. Sie hat sich das komplette Mittagsmenü bestellt und isst mit großem Appetit. Zum Essen trinkt sie ein Glas Wein, nach dem Essen bestellt sie noch Kaffee und Kuchen. Es sieht so aus, als würde sie mit ihrem kleinen Mund das Essen aufsaugen, so schnell isst sie. Sie redet nichts weiter und, nachdem ihre Teller leer sind, schläft sie ein. Mit hängendem Kopf und gefalteten Händen sitzt sie vor mir.

Als ich in Stein am Rhein aussteige und mein Rad die Uferpromenade entlang in Richtung Rheinbrücke schiebe, ist meine Tischgenossin schon mitten auf der Brücke unterwegs und ich wundere mich, wie flott sie marschieren kann; das hatte ich ihr gar nicht zugetraut.

Ich überquere die Brücke ebenfalls und biege in den Radweg ein, der mich auf dem linken Rheinufer in Richtung Konstanz führt. Parallel zum Ufer des Rheins und später des Untersees radle ich bei schönstem Wetter über kleine Hügel durch Obstplantagen. Nach ausgedehnten Gemüsefeldern gelange ich über das schweizerische Kreuzlingen in das deutsche Konstanz. In der Nähe des Bahnhofs befindet sich die Touristinformation, in der ich mich nach einer Stadtführung durch Konstanz für morgen erkundige. Ich habe mir vorgenommen, zwei Nächte hier zu bleiben, um morgen den ganzen Tag Zeit zu haben, die Stadt kennen zu lernen. Morgen um 10 Uhr beginnt die Stadtführung hier an der Touristinformation! Nach der Fahrt durch die Altstadt überquere ich die Rheinbrücke und radle zum Campingplatz im Ortsteil Staad. Unter hohen Bäumen baue ich mein Zelt auf und erkunde dann die Umgebung des Campingplatzes. Nur wenige Meter ist der Strand des Bodensees entfernt und ich gehe ein Stück durch den knirschenden Kies am Ufer entlang. Das gegenüberliegende Ufer ist weit weg und ich nehme es nur als schmalen Streifen wahr. Die Gebäude, winzig klein zu erkennen, gehören zur Stadt Meersburg.

Ein junger Mann und eine junge Frau, beide Studenten, bauen ihr Zelt neben meinem auf. Sie sind auch mit dem Rad unterwegs und nutzen das verlängerte Pfingstwochenende, um in drei Tagen den Bodensee zu umrunden. Heute haben sie die zweite Etappe geschafft.

Montag, 16. Mai – drei Päpste und Reformation zum falschen Zeitpunkt

Der Tag beginnt mit zugezogenem Himmel und kalt. Nach dem Frühstück fahre ich mit meinem Rad zur Tourist-Information. Pünktlich um 10 Uhr erscheint die Stadtführerin, stellt sich kurz vor und zieht mit unserer kleinen Gruppe los. Außer mir sind nur noch drei

weitere Personen dabei. Bei eisigem Wind und peit-
schendem Regen finden wir etwas Schutz in einer der
engen Feuergassen zwischen den Häusern. Die Stadtführerin hat einen Schlüssel dabei, mit dem sie alle Zu-
gänge zu den Feuergassen aufschließen kann. „Die Feuergassen waren im Mittelalter Fluchtwege für die Bewohner, auf denen sie vor Hausbränden auf die Straßen
flüchten konnten", erklärt sie. „Bis heute hat jeder Bewohner der Altstadt einen Schlüssel für die Feuergassen." Wir gehen hindurch. Kaum Licht kommt bis nach
unten. Die Häuser sind zur Feuergasse hin grau und
haben kaum Fenster; der Putz ist halb abgefallen. Auf
dem engen Weg liegt eine tote Taube. Ein verrostetes
Fahrrad lehnt an einer Mülltonne.

Die drei Päpste am Kaiserbrunnen

Hauptthema der Ausführungen der Leiterin unserer
kleinen Gruppe ist das kirchliche Konzil, das vor 600
Jahren, von 1414 bis 1418, in Konstanz stattfand. Drei

Männer erhoben den Anspruch, der rechtmäßige Papst der römischen Kirche zu sein. Wer von ihnen das Recht bekommen sollte, Stellvertreter Gottes auf Erden zu sein, darum ging es bei den langwierigen Verhandlungen in einem Zeitraum von vier Jahren.

Unsere Gruppe begibt sich zum Kaiserbrunnen auf der Marktstätte. Die drei Päpste sind als Karikatur in der Gestalt eines prachtvollen Pfaus mit drei Köpfen, von denen jeder eine Papstkrone trägt, dargestellt. Die bronzenen Papstköpfe spucken Wasser in den Brunnen.

Hafen von Konstanz, hinten rechts das Konzilsgebäude

Delegationen aus allen europäischen Ländern kamen nach Konstanz, begleitet jeweils vom ganzen Tross. Tausende von Gästen von außerhalb weilten während des Konzils in Konstanz. Das war eine große Herausforderung für die Bevölkerung dieser kleinen Stadt, um alle Menschen und Pferde zu versorgen. Tagungsort des Konzils war das Kaufhaus mit seinen großen Räumlichkeiten. Es diente vorher den Konstanzer Kaufleuten als Lager- und Versammlungshaus. Es steht am Hafen, zu dem wir nun gehen, gegen den Regen ankämpfend.

Dem Konzil gelang es endlich, einen der drei Kandidaten als Papst zu bestimmen und so zunächst eine Kirchenspaltung zu vermeiden. Gefahr für die Einheit der Kirche ging auch von dem böhmischen Prediger und Priester Jan Hus aus Prag aus. Jan Hus kam durch intensives und aufmerksames Lesen der Bibel zu der Überzeugung, dass die Kirche kaum noch etwas mit der Botschaft der Bibel zu tun hatte und forderte grundlegende Reformen. Die Mächtigen der Kirche, die in Konstanz zusammengekommen waren, ließen ihre Macht und ihre Stellung in Politik und Kirche nicht anzweifeln, verurteilten Hus als Ketzer und verbrannten ihn in Konstanz auf dem Scheiterhaufen. Die Zeit war noch nicht reif für die Reformbestrebungen Hus´. Erst 100 Jahre später gelang es Martin Luther und den Reformatoren der Schweiz, große machtvolle Volksbewegungen in Gang zu bringen, die umfassende Reformen für die Kirche und in Folge davon dann auch die Kirchenspaltung in katholisch und protestantisch, bewirkten.

Schließlich gehen wir an den Hafen zur großen, sich drehenden Statue, die an der Hafeneinfahrt steht. Es ist die Imperia, geschaffen durch den Künstler Peter Lenk und im Jahr 1993 aufgestellt. Die Imperia stellt eine nur dürftig bekleidete Prostituierte dar, wie sie es während des Konzils zu Hunderten gegeben haben soll. In den Händen hält sie zwei kleine Figuren. In ihrer rechten Hand sitzt der König Sigismund, der das Konzil einberufen hatte, und in der linken der im Konzil gewählte Papst Martin V. Beide sind nackt und nur durch ihre Kronen als König und Papst erkennbar. So zeigt diese Statue, wer in Konstanz während des Konzils eigentlich die Macht in Händen hatte.

Wir erfahren auch etwas über das Thema Umwelt: „Das Wasser im Bodensees ist sehr sauber, zu sauber. Deshalb gibt es wenig Algenbildung, also wenig Nahrungsgrundlage für die Fische. Dadurch und auch durch Überfischung hat der Fischbestand im Bodensee in den letzten Jahren sehr abgenommen.“

Auf dem Weg zurück in die Altstadt kommen wir an dem Haus vorbei, in dem einige Jahre der Schreinergeselle Georg Elser lebte, der die Bombe baute, mit der 1939 ein erfolgloser Anschlag auf Hitler in München verübt wurde. Kurz darauf wurde Elser in Konstanz verhaftet und 1945 in Dachau hingerichtet.

In der Altstadt verabschiedet sich die Stadtführerin von der kleinen Gruppe. Ich bin total durchgefroren und flüchte in das nächst gelegene Restaurant. Bei heißem Tee und einer warmen Mahlzeit wärme ich mich wieder auf und fahre dann zurück zum Campingplatz für ein Mittagsschläfchen in meinem Zelt.

Gut ausgeruht gehe ich zu Fuß zur Bodensee-Therme für ein halbstündiges Schwimmtraining im 26 Grad warmen Außenbecken mit 50-Meter-Bahnen. Einige Hagelschauer prasseln auf meinen Kopf, eine angenehme Massage meiner Kopfhaut durch die Hagelkörner! Drinnen in der Halle ist das Wasser auf 34 Grad erwärmt und ich fühle mich wohl beim Baden inmitten vieler Menschen, alten und jungen, ruhigen und lebhaften, die sich freuen über die Wärme, während Regen und Hagel von außen gegen die großen Fensterscheiben klatschen.

Das Schwimmen hat mich wieder sehr hungrig gemacht und ich stärke mich mit Salat und Zanderfilet im Restaurant am Freibad. Am Abend spaziere ich zum Fähranleger der Autofähre von Konstanz-Staad nach Meersburg und setze mich zu einem Glas Rotwein in die Gaststätte direkt am Hafen. Ich beobachte das Kommen und Abfahren der Fähren im halbstündigen Rhythmus.

Dienstag, 17. Mai – Heimreise

Die Imperia an der Hafeneinfahrt

In der Nacht regnet es nur etwas. Am Morgen ist es bedeckt; manchmal kommt kurz die Sonne heraus und ich freue mich über die Wärme der paar Strahlen bei einem kleinen Spaziergang am Kiesstrand. Nach dem Auschecken baue ich ganz zum Schluss mein Zelt ab, damit es möglichst gut trocknen kann und rolle es dann, noch etwas feucht, zusammen. Es ist genügend Zeit, bis mein Zug vom Konstanzer Bahnhof abfährt, so radle ich ohne Hast in Richtung Stadt.

In einem Bäckereigeschäft frühstücke ich. Zeit für einen kleinen Bummel durch die City und am Hafen ist auch noch. Im Wasser des Sees schwimmen Kolbenenten; ihre rotbraunen Kopffedern sehen aus wie die Frisur einer Dame, die sehr viel Wert auf schicke Mode und ein perfektes Styling legt. Dazu passt der knallrote Schnabel, der aussieht wie geschminkt.

Ich begebe mich langsam zum Bahnhof und endlich ist mein Zug da. Ich steige mit meinem Rad in den Wagen mit Fahrradabteil, im hinteren Teil des Zuges, ein. Der Wagen ist gut geheizt; die Wärme tut mir wieder sehr gut. Noch dreimal umsteigen und ich bin zu Hause! Während der Fahrt gehen mir die Tage und Bilder und Erlebnisse der vergangenen dreieinhalb Wochen durch den Kopf und werden gegenwärtig.

Erinnerungen in die Gegenwart hineinschreiben – Überlegungen eines Pilgers nach der Reise

Das Tagebuch ist zu Ende geschrieben und zweieinhalb Jahre nach der Reise ist dieses Büchlein vollendet. Ist es vielleicht deshalb nicht mehr ganz frisch? Doch! Ich hatte beim Schreiben das Gefühl, die Reise noch einmal zu erleben, jedes einzelne Erlebnis, jeden Tag, jede Stunde, jede Minute noch einmal genauso nachzuvollziehen, wie es war. Deshalb habe ich mein Tagebuch in der Gegenwart, im Präsens, erzählt. Das in der Vergangenheit Erlebte wurde mir in den aufgeschriebenen Worten wieder gegenwärtig. Es wurde damit sozusagen in die Gegenwart integriert. Der Pilgerweg nach Taizé und von Taizé zurück wurde ein Teilabschnitt im Pilgerweg meines Lebens. Mit neuem Mut und neuer Lebensfreude ging mein Leben im Alltag weiter, in der Familie, in der Arbeit mit Flüchtlingen, die schlimme Tiefpunkte in ihrem Leben durchwandert haben, die ihren Besitz verloren haben und ein neues Leben in einem fremden Land aufbauen, geleitet vom Willen zum Leben, zu einem Leben in Glück und Sicherheit.

Das erinnert mich an meine Eltern, wie sie nach dem Krieg, als alles zerstört war, wieder neu anfingen, sich ein Leben aufzubauen. Die schlimmen Erlebnisse des Krieges, die Zerstörungen ganzer Städte, die vielen im Krieg umgekommenen Schulkameraden und Freunde, die Gefangenschaft und Rückkehr nach Deutschland, all das hat meine Eltern geprägt und mich schließlich auch als Sohn derer geprägt, die so unsägliches Leid mit ansehen mussten und Verletzungen

134

an ihren Seelen davontrugen. Ich wollte vieles anders und besser machen als meine Eltern und es ist mir zum großen Teil auch gelungen. Ich sehe: Mein Pilgerweg des Lebens ist kein Alleingang, sondern ist verwoben mit den Lebens- und Pilgerwegen vieler anderer Menschen, deren Wege vor dem meinen angefangen hatten, den meinen kreuzten, sich mit meinem Weg vereinigten, zu meinem parallel verliefen, sich wieder entfernten. Dabei war mir der Weg zum Frieden immer sehr wichtig gewesen, bis heute.

Das ganze Leben ist ein Pilgerweg, das heißt ein Weg, der auch ein spiritueller Weg ist, ein Weg mit Gott und seinem Willen zum Frieden. Er zeigt uns den Weg zum Leben. Er tut das durch Jesus, der sagte: „Du sollst Gott lieben und deinen Nächsten wie dich selbst." Wo der Alltag zu alltäglich wird und ich das Spirituelle vergesse, da kann eine neue Pilgerreise wieder zurückführen zu der Erkenntnis, dass das ganze Leben ein Pilgerweg mit Gott ist und zu ihm hin, immer unterwegs nach dem Bibelwort: „Wir haben hier keine bleibende Stadt, sondern die zukünftige suchen wir." Und wenn wir diese zukünftige Stadt gefunden haben, dann ist sie vielleicht eine Welt voller neuer Wege, in der gilt: „Bei dir ist Freude, Freude in Fülle!" Einen Vorgeschmack dieser Freude können wir Menschen schon jetzt einander schenken, wenn wir uns überall dort, wo wir mit anderen zusammenleben, darum bemühen, Gerechtigkeit, gegenseitigen Respekt und Verantwortung füreinander zu verwirklichen. Die Reise nach Taizé hat mich wieder ein Stück mehr dazu ermutigt, meinen eigenen kleinen Beitrag dazuzugeben. Ich freue mich auf die Taizégebete in meinem Wohnort, die diese Ermutigung immer wieder erneuern.

Weitere Bücher von Henning Schröder,
Bücher, die Wege erzählen

Henning Schröder

**Reise zum Schatz
im Silbersee**
Mit dem Fahrrad auf
den Spuren von Karl May

ISBN 978-3-8391-0268-8

Paperback, 80 Seiten,
16 Schwarz-Weiß-Fotos,
5,90 Euro

Wer dieses Büchlein liest, wird das Gefühl haben,
selbst das Rad zu besteigen und die Abenteuer des reise-
lustigen Pfarrers Henning Schröder mitzuerleben. Von
Hessen führt der Weg nach Sachsen. Der Karl-May-
Verlag in Bamberg, das Geburtshaus Karl Mays in
Hohenstein-Ernstthal, die Villa Shatterhand in Radebeul
und die Aufführung vom „Schatz im Silbersee" auf der
Felsenbühne in Rathen sind Stationen der einwöchigen
Radtour. Dabei begegnet der Autor nicht nur den großen Helden des berühmten Schriftstellers, sondern auch
den wirklichen Helden des Alltags, Männern und Frau-
en, die Wärme und Menschlichkeit in die Welt bringen.

Henning Schröder

Salz und Licht
Kleine Geschichten, die
würzen und erhellen

ISBN 978-3-8423-3667-4

Paperback, 100 Seiten,
20 Farb-Fotos,
9,80 Euro

Die kleinen Geschichten dieser Sammlung, Märchen, Fabeln und Alltagsbegebenheiten, wollen wie das Salz in der Suppe des Alltags sein und wie das helle Licht zu neuen Erkenntnissen führen. Sie ermutigen und stiften zu Verhaltensänderungen an.

Da erzählt eine alte Wanduhr aus ihrem Leben und macht dem Leser bewusst, was Zeit und Ewigkeit bedeuten.

Zwei Autofahrer geraten in Streit über weggeworfenen Müll. Welche Möglichkeiten des Verhaltens gibt es?

Ein gefangener Vogel entdeckt die Kraft der Hoffnung und damit einen Weg in die Freiheit.

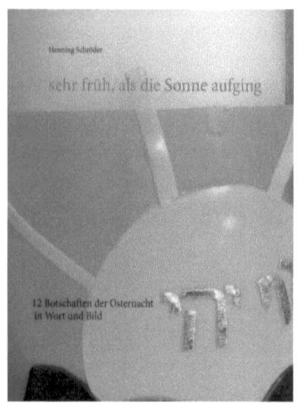

Henning Schröder

**sehr früh,
als die Sonne aufging**
12 Botschaften der Os-
ternacht in Wort und Bild

ISBN 978-3739210957

Hardcover, 100 Seiten,
gebunden, Farbfotos
19,99 Euro

Von der großen Osterkerze ausgehend gibt einer dem
anderen das Licht weiter. Es wird hell in der Kirche.
Von draußen dringt der Gesang der Amseln in die Stille
des Kirchenschiffes.

Die Osternacht ist für den Autor dieses Büchleins,
Henning Schröder, der Höhepunkt des gottesdienstli-
chen Lebens im Verlauf des Kirchenjahres. Er ist evangelischer Pfarrer und für ihn ist es wichtig, dass zum
gesprochenen Wort das anschauliche Bild hinzukommt.
So gestaltet er zum Bibeltext, über den er predigt, ein
Bild in Wachs auf der Osterkerze; manchmal auch zusammen mit Konfirmanden oder Jugendlichen. Zwölf
Predigten und die
dazugehörigen Bilder sind in diesem Band gesammelt.

Henning Schröder

1000 Kilometer
Dämme, Dünen, Deiche
Mit dem Fahrrad den
Niederrhein und die
Nordseeküste entlang

ISBN 978-3842372535
Paperback, 100 Seiten,
Fotos, zum Teil in Farbe
7,80 Euro

Ohne das Glück, jeden Tag Rückenwind zu haben, radelt Henning Schröder zwei Wochen lang durch flaches Land. Langweilig? Nein! Er sieht und erlebt so viel, dass die Reise zu einem Abenteuer wird und ein spannendes Tagebuch daraus entsteht. Es geht auch auf ebener Strecke nicht immer alles glatt. Da kämpft sich der Autor durch tiefen Schlamm oder entgeht knapp einem umstürzenden Baum. Er fährt nicht nur einsam und allein vor sich hin, sondern trifft Einheimische am Stammtisch, begleitet ein Stück eine holländische Schulklasse und erschrickt über ein urtümlich aussehendes Rind, das plötzlich vor ihm steht.

www.henning-schroeder.net

Fotos:
Seite 2: Manuel Schröder
Hinterer Buchdeckel: Jutta Schröder
Alle anderen: Henning Schröder

.